湖北省品牌
发展报告
2024

湖北省发展和改革委员会　等　编著

中国发展出版社
CHINA DEVELOPMENT PRESS

图书在版编目（CIP）数据

湖北省品牌发展报告. 2024 / 湖北省发展和改革委员会等编著. -- 北京 : 中国发展出版社, 2025. 3.
ISBN 978-7-5177-1484-2

Ⅰ. F279.276.3

中国国家版本馆CIP数据核字第2025CB0584号

书　　名：湖北省品牌发展报告 2024
著作责任者：湖北省发展和改革委员会 等
责 任 编 辑：杜君　吴若瑜
出 版 发 行：中国发展出版社
联 系 地 址：北京经济技术开发区荣华中路22号亦城财富中心1号楼8层（100176）
标 准 书 号：ISBN 978-7-5177-1484-2
经　销　者：各地新华书店
印　刷　者：北京富资园科技发展有限公司
开　　本：710mm × 1000mm　1/16
印　　张：13
字　　数：174千字
版　　次：2025年3月第1版
印　　次：2025年3月第1次印刷
定　　价：88.00元

联 系 电 话：（010）68990642　68990625
购 书 热 线：（010）68990682　68990686
网 络 订 购：http://zgfzcbs.tmall.com
网 购 电 话：（010）68990639　88333349
本 社 网 址：http://www.develpress.com
电 子 邮 件：121410231@qq.com

《湖北省品牌发展报告2024》
编写组

湖北省委宣传部
湖北省发展和改革委员会
湖北省教育厅
湖北省科学技术厅
湖北省经济和信息化厅
湖北省公安厅
湖北省司法厅
湖北省财政厅
湖北省人力资源和社会保障厅
湖北省农业农村厅
湖北省住房和城乡建设厅
湖北省商务厅
湖北省文化和旅游厅
湖北省国有资产监督管理委员会
湖北省市场监督管理局
湖北省广播电视局
湖北省地方金融监督管理局
湖北省林业局
湖北省粮食局
湖北省药品监督管理局
湖北省知识产权局
湖北省数据局
湖北省能源局
中华人民共和国武汉海关
国家税务总局湖北省税务局
湖北广播电视台

前言

品牌是经济社会高质量发展的重要象征，品牌经济通过培育和运营品牌，整合企业、行业乃至区域的各类要素资源，推动提升产品附加值和市场竞争力。商标品牌是品牌经济的载体，产品服务是品牌经济的核心，质量可靠是品牌经济的基础，技术工艺提升和设计创新是品牌经济发展的动力，文化是品牌经济的灵魂。企业、行业、区域乃至国家，在参与市场竞争、区域竞争和国际竞争的过程中，都需要依靠品牌的力量。

党的十八大以来，我国自主品牌持续崛起、加快涌现，为推动高质量发展、创造高品质生活提供了有力支撑，品牌经济发展和品牌建设也逐渐突破企业、行业发展的层次，上升到区域经济发展战略乃至国家战略的高度。2014 年，习近平总书记提出“推动中国制造向中国创造转变、中国速度向中国质量转变、中国产品向中国品牌转变”①，为我国品牌建设工作提供了根本遵循。2016 年，国务院办公厅印发《关于发挥品牌引领作用 推动供需结构升级的意见》，对更好发挥品牌的引领作用作出战略部署。经国务院批准，自 2017 年起，每年的 5 月 10 日被定为“中国品牌日”。2022 年，国家发展改革委等七部门联合印发了《关于新时代推进品牌建设的指导意见》，提出了未来一个时期我国推进品牌建设的总体思路、发展目标、重点任务和保障措施，为新时代品牌建设指明了方向。2023 年，中

① 《习近平在河南考察时强调 深化改革发挥优势创新思路统筹兼顾 确保经济持续健康发展社会和谐稳定》，《人民日报》，2014年5月11日。

共中央、国务院把“着力推动品牌建设”纳入《质量强国建设纲要》。我国品牌建设政策体系不断完善，不同行业和区域品牌建设取得显著成效，品牌经济正在进入新阶段、踏上新征程。

湖北省品牌建设历史悠久，成就卓著，大批老字号品牌从荆楚大地诞生，历经百年、传承匠心、延续至今，如始于1582年的中医药品牌马应龙、始于1817年的酒业品牌枝江、始于1884年的食品品牌曹祥泰、始于1917年的眼镜品牌汉明喜来登等，至今仍是湖北省乃至全国著名的老字号品牌。在我国工业化历史进程中，“汉阳造”“武汉制造”始终占有一席之地。二十世纪八九十年代，湖北人把握时代机遇，培育打造了一批家喻户晓的品牌：“神州辽阔、处处有莺歌”的莺歌牌电视机不仅销往周边省份，还远销海外、为国创汇；长江牌录音机曾在20世纪90年代获国家质量奖银质奖（同类产品的最高奖）；荷花牌洗衣机是20世纪80年代全国十大洗衣机品牌之一……在激烈的市场竞争中，有的品牌历经磨难，重获新生；有的品牌屡经沉浮，最终淡出市场，成为湖北省品牌发展中不可磨灭的历史印记。

当前，湖北省在多个行业已拥有一批具有较强品牌影响力、综合竞争力和创新活力的品牌企业、品牌产品，形成了以东风汽车、华新水泥、黄鹤楼、武船、武重、劲牌、稻花香等为代表的传统优势企业品牌，以长飞、华星光电、骆驼、安琪、人福、高德红外等为代表的高新技术企业品牌，以铁四院、中冶南方等为代表的高端设计企业品牌，以九州通、卓尔等为代表的民营企业品牌，以良品铺子为代表的新兴食品企业品牌，以美尔雅、红人、爱帝、猫人等为代表的服饰企业品牌，等等。时代的变迁不断拓展湖北省品牌经济发展的道路，品牌经济的发展也持续为全省经济社会发展注入新的动能。

湖北省委、省政府高度重视品牌建设工作，先后印发《省人民政府办公厅关于新时代推进品牌建设的实施意见》《建设品牌湖北推动高质量发展行动纲要》，为品牌强省建设指明了方向。湖北省“十四五”规划明确把质量品牌建设列为推动制造强省建设“五大工程”之一，提出“振兴湖北制造、叫响湖北品牌”的工作任务。2022年，湖北省政府建立了由26个部门参与的“湖北品牌推进机制”，印发《湖北品牌推进机制成员单位职责分工》和《省推进品牌强省建设联席会议成员单位职责分工》，明确了成员单位工作职责、机制运行方式以及年度重点工作任务，全面部署推进品牌建设工作。各地各部门围绕推动品牌建设、构建品牌体系、营造品牌环境、繁荣品牌经济、建设品牌强省的目标，加快推进品牌建设各项任务落地落实，为推动建设全国构建新发展格局先行区和建成中部地区崛起的重要战略支点，谱写全面建设社会主义现代化国家、推动品牌强国建设荆楚篇章贡献力量。

本书在梳理资料、分析数据和实地调研的基础上，全面分析湖北省品牌经济发展的基础条件和发展成就，研判湖北省品牌经济发展面临的总体形势、机遇与挑战，为湖北省品牌经济高质量发展和品牌建设工作高质量推进，提供有益参考和研究支撑。

目 录

第一章　湖北省品牌发展进入新时代

一、全域品牌建设体系初步形成 …………………………… 3

二、品牌经济发展基础更加坚实 …………………………… 23

三、品牌发展环境全面优化 ………………………………… 29

第二章　新时代品牌发展湖北模式精彩呈现

一、以全过程质量提升为品牌发展擦亮底色 ……………… 43

二、以全方位科技创新为湖北品牌提升成色 ……………… 47

三、以全周期品牌管理为湖北品牌增添特色 ……………… 50

第三章　“精品工程”引领品牌高质量发展

一、聚焦“农业精品”，建设农业强省 …………………… 60

二、叫响“湖北制造”，打造制造强省 …………………… 67

三、擦亮“湖北建造”品牌，成就建造强省 ……………… 74

四、构建“荆楚服务”，打造服务强省 …………………… 81

第四章 “地域特色”构建品牌核心竞争力

一、创造美好生活，打造湖北幸福品牌 …………………………… 97

二、弘扬抗疫精神，打造湖北责任品牌 …………………………… 101

三、坚守工匠品质，塑造湖北科创品牌 …………………………… 105

四、厚植荆楚文化，培育湖北生态品牌 …………………………… 109

第五章 为强国建设和民族复兴贡献荆楚品牌力量

一、自立自强——创新发展的湖北品牌 …………………………… 121

二、发展和谐——协调发展的湖北品牌 …………………………… 123

三、生态优先——绿色发展的湖北品牌 …………………………… 125

四、内外循环——开放发展的湖北品牌 …………………………… 127

五、责任担当——共享发展的湖北品牌 …………………………… 128

第六章 城市品牌发展成果

一、武汉市品牌发展成果概览 ……………………………………… 133

二、黄石市品牌发展成果概览 ……………………………………… 136

三、十堰市品牌发展成果概览 ……………………………………… 139

四、宜昌市品牌发展成果概览 ……………………………………… 141

五、襄阳市品牌发展成果概览 ……………………………………… 144

六、鄂州市品牌发展成果概览 ……………………………………… 147

七、荆门市品牌发展成果概览 ……………………………………… 149

八、孝感市品牌发展成果概览 ……………………………………… 152

九、荆州市品牌发展成果概览 ……………………………………… 154

十、黄冈市品牌发展成果概览 …………………………………… 157
十一、咸宁市品牌发展成果概览 ………………………………… 160
十二、随州市品牌发展成果概览 ………………………………… 162
十三、恩施州品牌发展成果概览 ………………………………… 165
十四、仙桃市品牌发展成果概览 ………………………………… 168
十五、天门市品牌发展成果概览 ………………………………… 170
十六、潜江市品牌发展成果概览 ………………………………… 173
十七、神农架林区品牌发展成果概览 …………………………… 175

附 录

一、首届“湖北精品”认定名单 ………………………………… 181
二、湖北省中华老字号名单 ……………………………………… 188
三、湖北省老字号名录 …………………………………………… 190

第一章

湖北省品牌发展进入新时代

湖北省紧紧围绕“中部崛起”推动品牌强省战略，在“建成支点、走在前列、谱写新篇”的总体要求下，贯彻党中央统一部署，积极协调各部门一致行动，形成“湖北品牌推进机制”，联动湖北省委宣传部、湖北省发展改革委、湖北省科学技术厅等26家单位分工配合，不断创新机制，合力推进品牌建设。全省[①]品牌建设热情持续高涨，品牌全域发展体系初具规模，品牌经济效应持续释放，品牌发展环境不断优化，品牌创建水平显著提升。

一、全域品牌建设体系初步形成

湖北省高度重视品牌建设的顶层规划。近年来，湖北省政府连续出台《湖北省人民政府关于推进品牌强省建设的若干意见》《湖北省人民政府办公厅关于发挥品牌引领作用 推动供需结构升级的意见》《省人民政府办公厅关于新时代推进品牌建设的实施意见》《建设品牌湖北推动高质量发展行动纲要》，结合湖北省社会经济发展实际，围绕湖北省承担的国家重大战略任务，统筹高质量发展和美好生活创建，持续加强湖北品牌建设的顶层设计，持续优化湖北品牌建设的创建架构，已初步形成以产品品牌、企业品牌[②]、产业品牌和区域品牌为框架的全域品牌建设体系，并围绕产品品牌规模发展、企业品牌层次跃升、产业品牌集群培育、区域品牌价值实

---

① 本书中的“省”“全省”单独使用时，均指“湖北省”。

② 为便于叙述，本书中不严格区分企业品牌和机构品牌，统称为企业品牌。

现，分层次重点突破，多维度创新模式，以点带面、以面带全，构建独具湖北特色的品牌全域发展立体架构。

（一）产品品牌体系渐成规模

1. 产品品牌是全域品牌建设的基础工程，产品品牌的规模化是推动品牌强省建设的坚实基础

湖北省品牌建设紧紧抓住商标注册申请工作重点，持续引导企业开展商标注册保护，商标申请量和注册量持续稳定增加。国家知识产权局数据显示，截至 2023 年 12 月 15 日，湖北省商标有效注册量为 1064322 件（见图 1–1），全国排名第十二位，同比增长 9.71%。2018 年以来，湖北省百户企业商标申请量从 2018 年的 22.75 件下降到 2022 年的 16.98 件，反映出企业正在从商标注册增长期向品牌经营稳定期过渡的趋势（见图 1–2）。

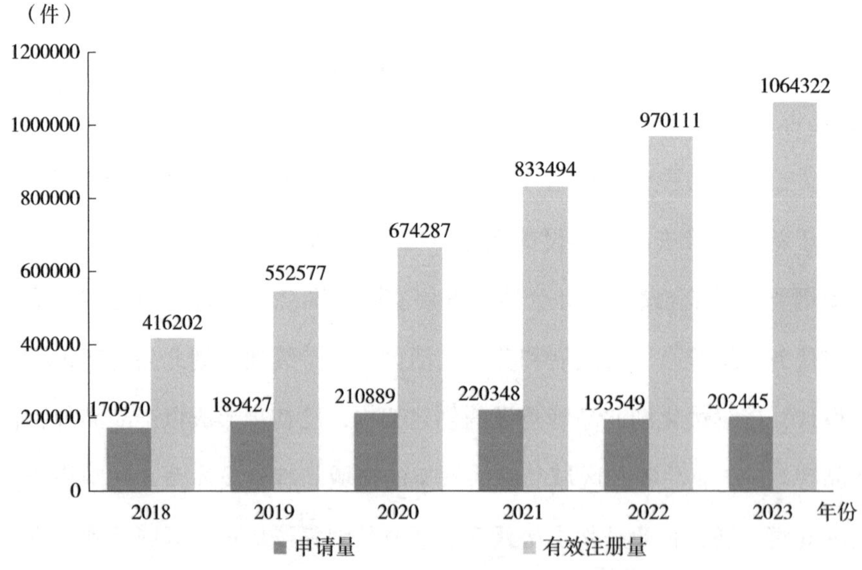

图1–1　2018—2023年湖北省商标申请量与有效注册量情况

资料来源：国家知识产权局。

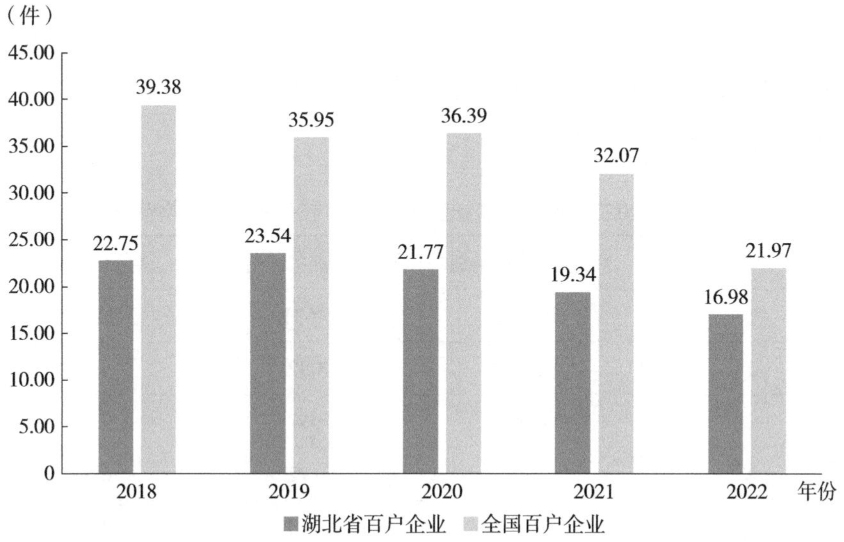

图1-2　2018—2022年湖北省百户企业商标申请量与全国百户企业商标申请量比较

资料来源：国家知识产权局。

2. 服务业成为产品品牌商标申请注册主体

近年来，湖北省新注册商标的产业结构划分已经呈现“三产>二产>一产”的结构布局，服务业已经成为湖北省商标注册的主体。根据湖北省知识产权局的数据，2023 年，全省注册商标按产业结构划分情况为：第一产业（农业）21011 件，占比 18.5%；第二产业（工业）38963 件，占比 34.3%；第三产业（服务业）53715 件，占比 47.2%。随着湖北省三次产业结构的变迁，服务业将继续作为未来产品品牌商标注册的重要增长极。

3. 产品品牌商标申请注册行业引领特征明显

截至 2023 年，湖北省商标注册中以尼斯分类第 35 类（广告、商业经营、商业管理、办公事务）为代表的高端设计产业品牌，以第 30 类（日用或贮藏用的植物类食品以及调味佐料）为代表的湖北茶品牌，以第 29

类（肉类、鱼类、水果类）、第 43 类（提供食物和饮料服务、临时住宿）为代表的新兴食品快消品品牌和以第 9 类（科研、领航用仪器及器械、数字存储媒介、计算机、计算机软件、灭火设备）为代表的高新技术产业品牌排在注册商标量前 5 位（见表 1–1）。

表1–1 2023年湖北省商标注册量排名前5位的尼斯分类情况

排名	商品或服务类别	商标注册量（件）	百分比（%）
1	第35类	14631	12.87
2	第30类	9092	8.00
3	第29类	7957	7.00
4	第43类	7172	6.31
5	第9类	5268	4.63

资料来源：《二〇二三年湖北省商标品牌发展报告》。

（二）企业品牌梯队初步成形

企业通过品牌来体现各自整体的差异化优势以及功能、心理等方面的附加值。企业品牌建设以获得权威机构认可和荣誉为目标导向，获得认可的数量和层次反映了企业品牌建设的水平。

1. 企业品牌评定结构逐步形成

围绕企业品牌建设的目标导向，湖北省在品牌建设工作方面认真贯彻国家推动品牌建设工作思路，逐步形成了综合实力、质量提升、科技创新、技能工匠、文化传承、品牌荣誉六大评价主题，不断创新优化以评促建的工作方法，引导企业品牌建设目标提档升级、注重实效。

围绕综合实力主题，逐渐形成以体现企业主营业务收入的《财富》世界 500 强企业评价为主的评价体系。2023 年，湖北省有 1 家企业进入《财富》世界500强企业名录，共有14家企业入选中国企业联合会中国企业500强（简称中国企业500强），12家企业入选中国服务业企业500强。

围绕质量提升主题，湖北省逐渐形成以中国质量奖为主的评价体系。截至2023年底，湖北省共有1家企业获中国质量奖，13家企业获中国质量奖提名奖，11家企业进入工业和信息化部、中国质量协会发布的全国质量标杆企业名录。

围绕科技创新主题，湖北省逐步形成了以国家企业技术中心、全国制造业单项冠军、专精特新“小巨人”企业为主的评价体系。2023年，湖北省有7家企业入选国家企业技术中心名单，13家企业获评全国制造业单项冠军企业。

围绕技能工匠主题，湖北省共有1人获大国工匠称号，19人获中华技能大奖。

围绕文化传承主题，湖北省逐步形成了以中华老字号、地方老字号为主的评价体系。截至2023年底，湖北省共有35家企业被认定为中华老字号；截至2024年7月底，湖北省共有老字号企业138家。

围绕品牌荣誉主题，湖北省逐步形成了以中国品牌建设促进会品牌价值评价、世界品牌500强和中国最具价值品牌500强评定、驰名商标保护为主的评价体系。湖北省共有27家企业参与中国品牌建设促进会组织的品牌价值评价工作，1家企业上榜世界品牌500强（2023），7家企业上榜中国最具价值品牌500强（2023），100家企业入围荆楚优品名录。

2. 企业品牌梯队初步建立

品牌增值主要源于消费者心智中形成的关于其载体的印象。通过企业初选、主体识别、发源地识别、业务识别、传播识别、诚信审查等环节，湖北省构建了“重点跟踪企业品牌基础数据库（2023）”[①]。该数据库目前收录湖北省企业品牌1123家，为从企业品牌建设角度深入开展湖北品牌建设打下了基础。

被纳入跟踪范围的1123家企业品牌主要分布在武汉市、宜昌市、襄阳市、荆州市和十堰市5个城市（见表1–2）。其中，武汉市企业品牌数量占湖北省企业品牌总数的33.66%，排名前五位城市的企业品牌数量之和占湖北省企业品牌总数的65.09%。

根据企业注册登记时间对企业品牌年龄进行分析发现，有564家企业品牌寿命不少于20年，其中企业品牌寿命为20年、21年和22年的企业分别有68家、81家和68家，“年龄”最大的企业品牌已经有70年历史了（见图1–3）。寿命不少于20年的企业品牌主要分布在武汉市、宜昌市、襄阳市、荆州市和十堰市等（见图1–4），超过30年的企业品牌主要分布在武汉市、宜昌市、襄阳市等。

表1–2 湖北省企业品牌分布状况

市（州、林区）	武汉	宜昌	襄阳	荆州	十堰	荆门	孝感	黄石	黄冈
数量（家）	378	131	92	68	62	60	59	54	44
市（州、林区）	随州	咸宁	恩施	鄂州	潜江	仙桃	天门	神农架	
数量（家）	44	36	30	27	15	12	7	4	

注：恩施即恩施土家族苗族自治州，下文简称恩施或恩施州。

资料来源：湖北省重点跟踪企业品牌基础数据库（2023）。

① 为便于进行品牌竞争力的比较研究，该数据库未收录以提供公共服务为主的企业。

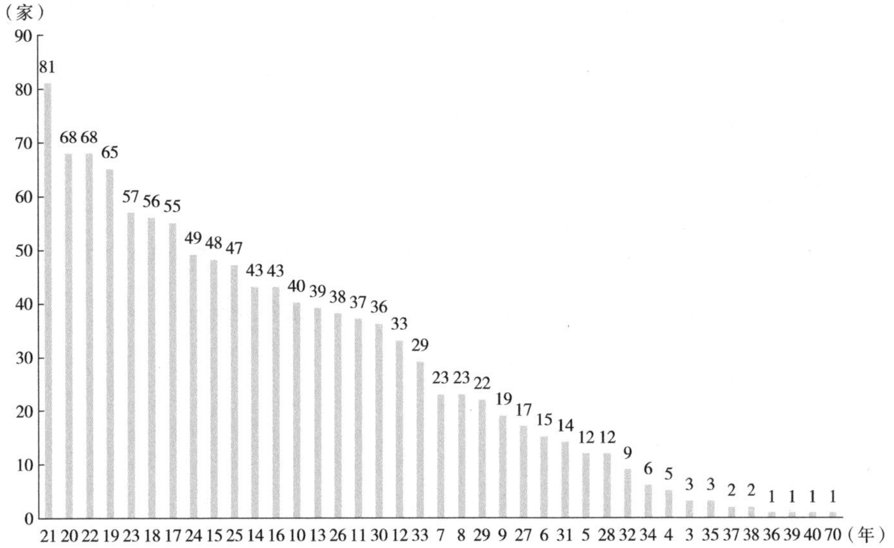

图1-3　湖北省企业品牌按注册时长分布的情况

资料来源：湖北省重点跟踪企业品牌基础数据库（2023）。

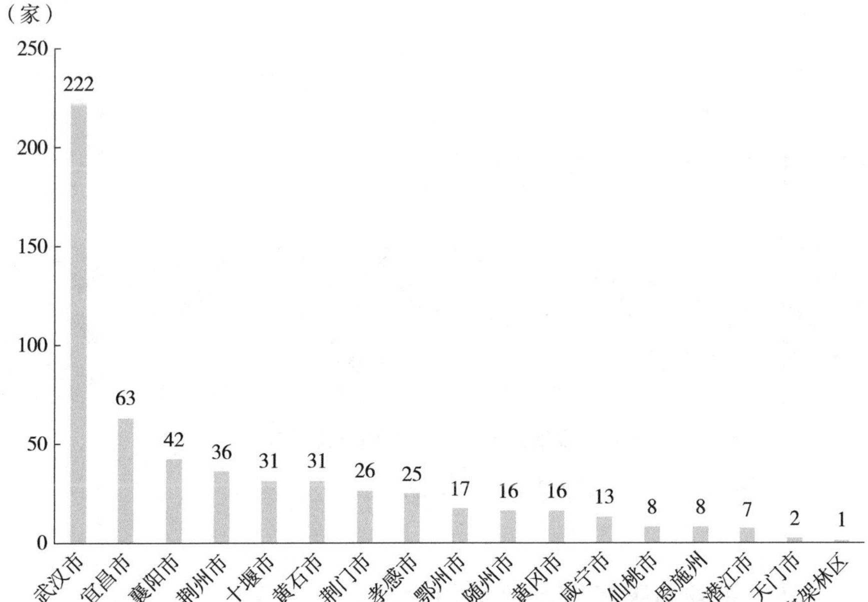

图1-4　湖北省企业品牌寿命不少于20年的企业城市分布情况

资料来源：湖北省重点跟踪企业品牌基础数据库（2023）。

从行业分布看，湖北省企业品牌主要集中在批发业，商务服务业，化学原料和化学制品制造业，科技推广和应用服务业，研究与试验发展，酒、饮料和精制茶制造业，汽车制造业，食品制造业，农业，农副食品加工业等行业（见图 1–5）。

从获得认可情况看，除上市公司（统计为品牌发源地上市公司）外，湖北省拥有“小巨人”企业、国家企业技术中心数量也较多，体现了湖北省企业品牌以科技类企业为主的发展特征。

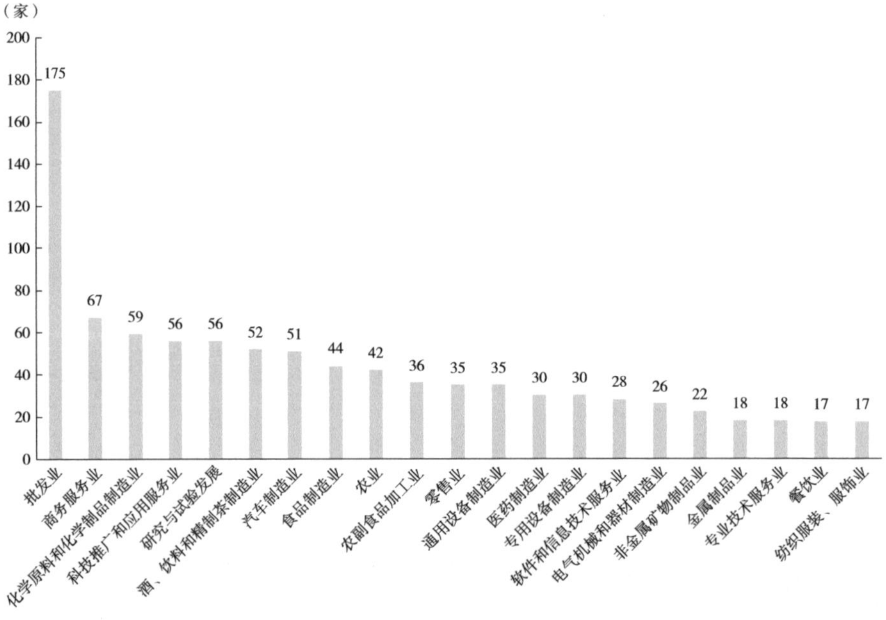

图1–5　湖北省企业品牌主要行业分布情况

资料来源：湖北省重点跟踪企业品牌基础数据库（2023）。

（三）集群品牌建设示范引领

产业集群是工业化发展到一定阶段的必然产物。发展产业集群，能够最大限度地挖掘资源潜力，发挥比较优势，实现资源配置的优化和生产要素的有效集中，促进企业向优势地区集聚，提高专业化生产水平，形成独具特色的优势产品和主导产业。集群品牌通过品牌来体现具有产业集聚形态的集群的差异化优势以及功能、心理等方面的附加值。集群品牌的诞生是我国县域经济、块状经济、特色区域经济发展的必然结果，反映了产业集群高质量发展的总体趋势。

为了进一步推动湖北省产业集群发展，《湖北省制造业高质量发展“十四五”规划》作出了明确的要求。在顶层框架上，提出打造“一地三区”定位的总体布局，即打造全国重要的先进制造业基地、长江经济带绿色制造先行区、全国传统产业转型升级样板区、世界一流战略性新兴产业集聚区；统筹湖北省优势资源，着力打造 5 个万亿元级支柱产业、巩固提升 10 个五千亿元级优势产业、培育壮大 20 个千亿元级特色产业集群（10 个先进制造产业集群和 10 个战略性新兴产业集群）、前瞻布局一批未来产业，加快构建“51020”现代产业集群（见表 1–3）。

表1–3 湖北省“51020”现代产业集群总体布局

<table>
<tr><td colspan="2">5个万亿元级支柱产业</td><td>新一代信息技术（“光芯屏端网”）、汽车制造、现代化工及能源、大健康、现代农产品加工</td></tr>
<tr><td colspan="2">10个五千亿元级优势产业</td><td>高端装备、先进材料、节能环保、现代纺织、绿色建材、低碳冶金、现代金融、现代物流、研发设计和科技服务、商务服务</td></tr>
<tr><td rowspan="2">20个千亿元级特色产业集群</td><td>10个先进制造产业集群</td><td>新能源与智能网联汽车、新能源、北斗及应用、航空航天、高技术船舶与海洋工程装备、高端数控装备、轨道交通装备、智能制造装备、智能家电、安全应急</td></tr>
<tr><td>10个战略性新兴产业集群</td><td>光通信及激光、集成电路、新型显示、智能终端、信息网络、软件及信息服务、人工智能、电子信息材料、生物医药及医疗器械、数字创意</td></tr>
</table>

资料来源：本书编写组整理。

围绕加快构建“51020”现代产业集群总体布局，湖北制造业集群品牌建设以推动产业集群入选工业和信息化部先进制造业集群决赛优胜者名单、中小企业特色产业集群名单和科技部创新型产业集群名单为抓手，呈现出梯队化建设、特色化发展的总体格局和积极态势。

第一，2 个先进制造业集群入选工业和信息化部第三轮先进制造业集群决赛优胜者名单（见表 1–4）。2022 年 11 月，武汉市光电子信息集群和“武襄十随”汽车集群入围工业和信息化部第三轮先进制造业集群决赛优胜者名单。

表1–4　湖北省先进制造业集群入选工业和信息化部第三轮先进制造业集群决赛优胜者名单

集群名称	基本情况
武汉市光电子信息集群	全球最大的光纤光缆制造基地、光模块研发生产基地、中小尺寸显示面板基地和全国最大的高端激光设备生产基地，集聚了一大批光电子信息领域国内领先、国际知名的研究机构和头部企业。在美国国际光学工程协会公布的全球光电子信息产业集群中，亚太地区仅4家上榜，“中国光谷”是中国唯一上榜区域
“武襄十随”汽车集群	我国重要的轻重型商用车、中高档乘用车、新能源汽车和关键零部件基地，集聚整车企业25家，规上零部件企业有1400余家，年产值突破6500亿元，是湖北产业贡献最大、带动作用最强的产业集群。拥有“重、中、轻、客、专、特、改”等多种车型，是全国唯一全系列发展的汽车集群，商用车和专用车产量均位居全国第一。拥有国家级技术创新载体40家、高校院所130家、院士专家工作站151个、校企共建研发中心500余个

资料来源：本书编写组整理。

第二，5 个产业集群入选工业和信息化部首批 100 个中小企业特色产业集群（见表 1–5）。中小企业特色产业集群，是指定位在县级区划范围内，以新发展理念为引领，以中小企业为主体，主导产业聚焦、优势特色突出、资源要素汇聚、协作网络高效、治理服务完善，具有较强核心竞争力的中小企业产业集群。2023 年 1 月，工业和信息化部公布了 2022 年度 100 个中小企业特色产业集群名单。湖北省武汉市东西湖区网络安全产业集群、湖北省武汉市洪山区光通信设备及光电子器件制造产业集群、湖北省十堰市茅箭区商用车制造产业集群、湖北省荆州市荆州区石油固井压裂装备产业集群和湖北省谷城县再生钢铁产业集群 5 个产业集群上榜，湖北省产业集群上榜数量与江苏省、河北省等并列全国第一。

表1–5 湖北省中小企业特色产业集群入选工业和信息化部中小企业特色产业集群情况（2022年）

集群名称	基本情况
湖北省武汉市东西湖区网络安全产业集群	依托中央网信办批准、全国唯一的国家网络安全人才与创新基地，形成“基础软硬件—安全设备—安全软件—安全服务—安全应用”产业链，产业规模超过百亿元
湖北省武汉市洪山区光通信设备及光电子器件制造产业集群	重点打造集设计研发、生产制造、销售服务于一体的全链条产业生态，已形成“一群五区”发展格局，是我国参与全球光电子产业竞争的排头兵
湖北省十堰市茅箭区商用车制造产业集群	涵盖汽车全系列产品，国内汽车制造专业化程度最高、产业链条最完整、集群效应最突出，数字化转型成效显著，绿色发展势头强劲
湖北省荆州市荆州区石油固井压裂装备产业集群	主要产品有固井设备压裂设备、井下装备等特种设备，生产规模和技术居同行业首位，一批重大装备产品达到国际领先水平
湖北省谷城县再生钢铁产业集群	重点发展“城市矿产”四大产业和生物质能源产业，延伸发展再生铜、再生正极材料产业链，已连续八年被列为省重点支持的成长型产业集群

资料来源：本书编写组整理。

第三，16 个产业集群入选科技部国家创新型产业集群名单。截至 2022 年底，湖北省共有 16 个产业集群入选科技部火炬中心公布的国家创新型产业集群名单，入选总数居全国第三、中部地区第一。其中，2022 年湖北省武汉、襄阳、黄石、荆州、孝感、咸宁等地共 6 个产业集群入选，新增数量位列全国第一（见表 1–6）。创新型产业集群是以创新型企业和人才为主体，以知识或技术密集型产业和品牌产品为主要内容，以创新组织网络和商业模式等为依托，以有利于创新的制度和文化为环境的产业集群。另有 9 个产业基地被科技部火炬中心认定为国家火炬特色产业基地（见表 1–7）。

表1–6　湖北省产业集群入选科技部国家创新型产业集群情况

获评时间	集群名称
2013年	武汉东湖高新区国家地球空间信息及应用服务创新型产业集群
	十堰商用车及关键零部件产业集群
2017年	荆门城市矿产资源循环利用创新型产业集群
	咸宁智能机电创新型产业集群
	襄阳新能源汽车关键部件创新型产业集群
2021年	仙桃高新区非织造布创新型产业集群
	黄石先进电子元器件创新型产业集群
	孝感高新区高端装备制造创新型产业集群
	随州移动应急装备创新型产业集群
2022年	武汉东湖高新区新型电子元器件及设备制造创新型产业集群
	襄阳高新区航空装备制造创新型产业集群
	黄石大冶湖高新区高效节能通用设备制造创新型产业集群
	荆州高新区重大成套设备制造创新型产业集群
	孝感高新区（应城）生物农业创新型产业集群
	咸宁高新区先进无机非金属材料创新型产业集群
2023年	天门生物医药产业集群

资料来源：本书编写组整理。

表1-7　湖北省产业基地入选科技部国家火炬特色产业基地情况

获评时间	基地名称
2011年	国家火炬计划武汉阳逻钢结构特色产业基地
2020年第二批	国家火炬荆州开发区汽车及零部件特色产业基地
2022年	国家火炬黄石下陆大宗固体废弃物综合利用特色产业基地
	国家火炬荆门高新区动力电池特色产业基地
	国家火炬荆州油气钻采装备特色产业基地
	国家火炬潜江微电子材料特色产业基地
	国家火炬黄石阳新化学原料药及制剂特色产业基地
	国家火炬咸宁赤壁安全应急装备特色产业基地
	国家火炬十堰张湾汽车智能装备及零部件特色产业基地

资料来源：本书编写组整理。

（四）区域品牌建设特色鲜明

区域品牌体现了行政区差异化优势以及功能等方面的附加值，是区域历史文化、资源禀赋、产业特色、城乡建设等区域形象的集中表现，是产品品牌、企业品牌、集群品牌共同作用的结果。

《中国商标品牌发展指数（TBDI–2023）》显示，2022 年湖北省商标品牌发展指数得分为 79.26，全国排名第十位，居于中等偏上水平（见表 1–8）。通过对各分项指标分值的分析可知，湖北省商标品牌质量提升、潜力开发、环境优化能力在全国排名较高，与全国最高水平差距较小，运用推进和效益实现能力居于中等水平。湖北省品牌建设质量基础坚实、开发潜力巨大，2023 年以来商标品牌环境优化明显，有助于实现运用推进和效益实现能力的同步提升。

表1–8 《中国商标品牌发展指数（TBDI–2023）》中湖北省与最高分省份得分对比

指标	湖北得分	最高分省份
发展指数	79.26	广东（85.36）
运用推进	80.69	广东（89.24）
质量提升	82.28	浙江（87.31）
潜力开发	79.00	广东（82.62）
环境优化	84.48	山东（87.79）
效益实现	65.23	北京（85.32）

资料来源：中华商标协会，《中国商标品牌发展指数（TBDI–2023）》。

湖北省区域品牌建设高度重视顶层设计和战略布局，紧紧围绕“努力建设全国构建新发展格局先行区”这一任务，准确把握新发展阶段的时代特征，准确把握构建新发展格局对湖北省发展的内在要求，准确把握湖北省在构建新发展格局中的有利条件，引导区域品牌建设聚焦和服务于构建新发展格局先行区这一决策部署。围绕加快创新驱动发展，加快现代化产业体系建设，提升区域品牌发展目标站位，加快打造全国科技创新高地、制造强国高地、全国数字经济发展高地、全国现代农业基地、全国现代服务业基地等区域品牌形象。围绕打造国内大循环的重要节点和国内国际双循环的重要枢纽总体任务，积极营造湖北省作为国内大循环的生产节点、流通节点、消费节点的区域品牌形象。围绕积极推进区域协调发展和新型城镇化总体任务，重点打造以“武鄂黄黄”为核心的武汉都市圈、襄阳都市圈和宜荆荆都市圈的区域品牌形象。围绕大力推进强县工程，推动构建一、二、三产业融合的乡村振兴区域品牌建设。围绕推动打造内陆开放新高地，树立以优化营商环境为抓手的区域品牌形象。围绕加快文化强省建设，打造荆楚文化创造性转化、创新性发展精神高地和区域品牌形象。

1. 抓住旅游、农业、文化和公共服务四大品牌主题

湖北省区域品牌建设重视用好政策工具，充分抓住旅游、农业、文化和公共服务四个具有区域标志的品牌主题方向，稳步推动区域品牌建设（见表 1–9）。

表1–9　湖北省区域品牌建设支撑项目清单

培育方向	品牌称号	数量	备注
旅游	世界自然遗产	1（处）	截至2023年3月
	国家级旅游休闲街区	5（个）	截至2023年底
	5A级景区	14（家）	截至2023年底
	4A级景区	196（家）	截至2023年底
	国家工业旅游示范基地	2（家）	2022年度
	国家级旅游度假区	3（个）	截至2023年底
农业	入选中国农业品牌目录的品牌	11（个）	截至2023年底
	获农业农村部颁发的地理标志农产品登记证书的农产品	197（个）	截至2022年2月
	地理标志保护产品	165（个）	截至2023年底
	重要农业文化遗产	5（处）	截至2023年底
	乡村旅游重点村	52（个）	截至2022年底
文化	世界文化遗产	3（处）	截至2021年9月
	国家级文化生态保护（实验）区	1（个）	截至2022年4月
	国家历史文化名城	5（座）	截至2023年3月
	国家历史文化名镇	13（个）	截至2023年3月
	国家历史文化名村	15（个）	截至2023年3月
	中国历史文化街区	1（个）	截至2023年底

续表

培育方向	品牌称号	数量	备注
公共服务	酒店（五星级）	22（家）	截至2023年底
	医院（三级甲等）	78（家）	截至2023年底
	大学（双一流）	7（所）	截至2023年底

资料来源：本书编写组整理。

从旅游主题看，湖北省共有世界自然遗产1处；武汉市黄陂区，宜昌市夷陵区、远安县，恩施州恩施市、利川市，神农架林区，黄冈市英山县，咸宁市通山县8个县（市、区、林区）被认定为国家全域旅游示范区。湖北省有5A级景区14家、4A级景区196家、国家工业旅游示范基地2家、国家级旅游度假区3个、国家级旅游休闲街区5个。

从农业主题看，宜昌蜜桔等11个品牌入围中国农业品牌目录，京山桥米等197个产品获农业农村部颁发的地理标志农产品登记证书，梁子湖大河蟹等165个产品获地理标志保护，“荆楚粮油”省级公用品牌荣获中国十佳粮油影响力公用品牌，“湖北菜籽油”荣获中国十佳粮油区域领导品牌，38个“荆楚好粮油”产品荣获“中国好粮油”称号。全省共有重要农业文化遗产5处、乡村旅游重点村52个。

从文化主题看，湖北省共有世界文化遗产3处、国家级文化生态保护（实验）区1个、国家历史文化名城5座、国家历史文化名镇13个、国家历史文化名村15个、中国历史文化街区1个。

从公共服务主题看，湖北省共有五星级酒店22家、三级甲等医院78家、双一流大学7所。

2. 围绕“一主引领、两翼驱动、全域协同”开展工作

湖北省区域品牌建设围绕“一主引领、两翼驱动、全域协同”进行总

体布局。其中，在“一主引领”布局下，武汉市区域品牌“领唱领舞”优势不断显现，武汉城市圈区域品牌“合唱共舞”发展趋势更加明显；在“两翼驱动”引领下，“襄十随神”围绕汉江生态经济带发展战略，“宜荆荆恩”落实长江经济带发展战略，构成湖北省区域品牌建设的南北阵列，实现区域品牌建设“由点及面、连线成片、两翼齐飞”，持续推动区域品牌快速发展。

（1）“一主引领”凸显武汉城市圈区域品牌领先优势

武汉市围绕城市品牌建设，集中推出江汉朝宗、知音江城、白云黄鹤、九省通衢、四大名镇之首、近代民族工业发祥地、首义之城、大革命“赤都”、中国光谷、中国桥都、中国车谷、大学之城、国家商贸物流中心、国家中部地区中心城市、国家全面创新改革试验区、长江经济带核心城市、世界设计之都、中国最具幸福感城市等多张名片，对城市品牌进行形象化塑造和提升，增强大众对区域品牌的感知力和认同感。

围绕武汉“1+8”城市圈[①]规划，黄石以“青铜故里”“钢铁摇篮”“水泥故乡”“服装新城”“劲酒之都”为区域品牌符号，使得人们对“山水园林市、最美工业城”的认知度不断提升。鄂州以“中国武昌鱼美食之乡”、航空物流新城为切入点，唱响“空港新城・田园鄂州”的区域品牌。孝感作为“中国孝文化之乡”，借助董永卖身葬父、黄香扇枕温衾、孟宗哭竹生笋等生动故事讲好孝亲文化，提升城市知名度；同时做强做优膏、盐、磷孝感“三宝”品牌，提升孝感麻糖、米酒、云梦鱼面等优势产品的品牌美誉度。黄冈以红色文化、名人文化、医药文化、戏曲文化和生态文化为名片，使得区域文化旅游品牌形象深入人心。咸宁是“中国温泉之城”，

① 武汉“1+8”城市圈，是指以中部地区最大城市武汉为圆心，覆盖黄石、鄂州、黄冈、孝感、咸宁、仙桃、潜江、天门8个大中型城市所组成的城市群。

其“荆楚安宁乡”的知名度不断提升。仙桃围绕“亚洲体操之乡”“中国非织造布产业名城”“中国黄鳝之都”等称号发力，集中打造江汉明珠区域品牌。天门以“蒸菜之乡”等作为区域品牌载体，不断提升“天门智造”“壹品天门”等品牌知名度。潜江不断加强“潜江龙虾”品牌赋能，通过潜江龙虾节等节庆品牌，打造龙虾产业新的价值增长点。

（2）“两翼驱动”南北阵列区域品牌特色鲜明

“襄十随神”城市群落实汉江生态经济带发展战略，打造湖北省高质量发展北部阵列，正在成为联结长江中游城市群和中原城市群、关中平原城市群的重要纽带。“襄十随神”区域品牌高品质升级。襄阳围绕加快建设省域副中心城市、汉江流域中心城市和长江经济带重要绿色增长极，推动制造业创新发展和优化升级，打造国家智能制造基地、国家现代农业示范基地、全国性综合交通枢纽、区域性创新中心和市场枢纽，在中部地区同类城市中争当标兵，提升综合实力和区域辐射引领能力。十堰着力打造“两山”实践创新先行区、汽车产业重地、文旅康养胜地、鄂豫陕渝毗邻地区中心城市。随州加快建设“桥接汉襄、融通鄂豫”的“汉东明珠”城市，打造专汽之都、现代农港、谒祖圣地、风机名城，同时助力神农架林区建设世界著名生态旅游目的地和全国生态文明示范区。神农架是中国首个获得联合国教科文组织人与生物圈自然保护区、世界地质公园、世界遗产三大保护制度共同录入的“三冠王”名录遗产地，神农氏在此架木为梯、采尝百草、救民疾苦、教民稼穑的品牌故事深入人心，成为立足名山、秀水、人文等资源打造以山水休闲、历史文化为特色的生态文化旅游名片的典型代表。

“宜荆荆恩”城市群落实长江经济带发展战略，打造湖北省高质量发展南部阵列，逐步成为联结长江中游城市群和成渝地区双城经济圈的重要组带。宜昌不断筑牢“世界水电之都”“世界钢琴之城”的品牌发展基础，建设省域副中心城市、长江中上游区域性中心城市和长江经济带绿色发展示范城市。荆州不断提升“鱼米之乡”“中国粮仓”的美誉度，发挥世界唯一持续不断进化的稻作文化中心和荆楚文化根脉的历史优势，推动打造长江经济带绿色创新、江汉平原乡村振兴、国家承接产业转移、荆楚文化传承创新、现代综合交通物流5个示范区，打造以“中国农谷·长寿荆门”为核心内涵的农产品区域公用品牌。恩施州建设“世界硒都·中国硒谷”，打造“两山”实践创新基地、全国优质康养基地。“宜荆荆恩”城市群依托长江、清江、江汉运河等轴线，以绿色经济和战略性新兴产业为特色，逐步形成绿色化工、生物医药、高端装备、食品等特色产业集群；同时，打好三峡、楚文化、民族文化“三张牌”，区域生态文化旅游协作不断加强。

（3）“全域协同”创造特色品牌新增量

县域特色品牌优势显现。湖北省各县（市、区）依托特色资源和产业基础，聚焦农业产业化和先进制造业，因地制宜打造“一县一品”“一业一品”，形成100个特色鲜明、集中度高、关联性强、竞争力强的块状产业集群。积极承接产业转移，促进一、二、三产业融合发展，引导产业向县城、产业园区集聚，推动县域经济转型升级。建设一批经济强县，推进“百强进位、百强冲刺、百强储备”战略，力争全省拥有全国百强县数量达到10个。坚持产业、文化、旅游、社区功能“四位一体”，强化企业主导、政府引导，规范发展一批产业特而强、功能聚而合、形态小而美、机制新而活的特色小镇。2022年、2023年，湖北省共有9个品牌入选农业品牌精品培育计划名单。截至2024年底，湖北省共有11个品牌入选中国农业品牌目录。截至2022年2月，湖北省共有197个品牌获得农业农村部颁发的地埋标志农产品登记证书（见图1–6）。

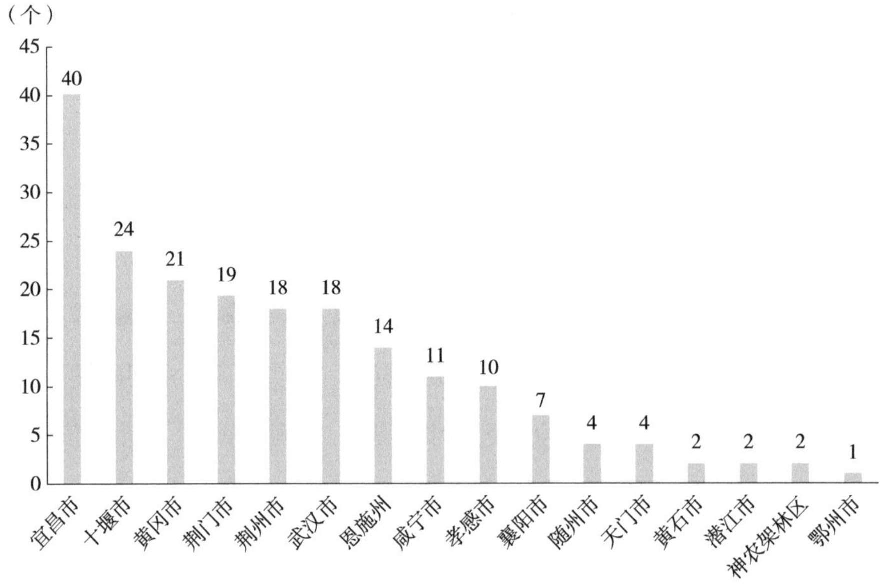

图1-6 湖北省获得农业农村部颁发的地理标志农产品登记证书的品牌地区分布

资料来源：中国绿色食品发展中心。

特殊类型区域品牌持续创新。湖北省各县（市、区）聚焦重点区域、重点领域，完善政策措施，加快推动特殊类型地区发展。实施山川协作工程，高水平推进一批合作项目，增强欠发达县（市、区）"造血"功能和自我发展能力。大别山革命老区、湘鄂渝黔革命老区等充分挖掘利用"红色""绿色"等资源，探索通过品牌建设促进革命老区振兴发展新路径，支持黄冈市在大别山革命老区高质量发展中走在前列。推动民族地区向心聚力发展，提升民族地区经济社会发展水平，实现民族地区城乡居民人均可支配收入增速高于全省平均水平。推动老工业基地转型发展，促进各类资源型地区特色发展，加快转变生态退化地区发展方式，培育发展接续替代产业，完善可持续发展长效机制。

二、品牌经济发展基础更加坚实

（一）发展规模扩大，产业结构优化

品牌经济的快速发展离不开适度规模的地区生产总值和人均地区生产总值，地区生产总值的变化体现了品牌经济所依存的经济总体规模和经济结构，人均地区生产总值更侧重反映当地人民生活水平，决定了品牌经济持续发展的基础条件。

2023 年，湖北省地区生产总值达到 56794 亿元（见图 1–7），同比增长 6.0%，继续保持在地区生产总值超 5 万亿元八强省份之列，三次产业所占比重分别为 9.1%、36.2%、54.7%（见图 1–8）。从近几年的发展情况来

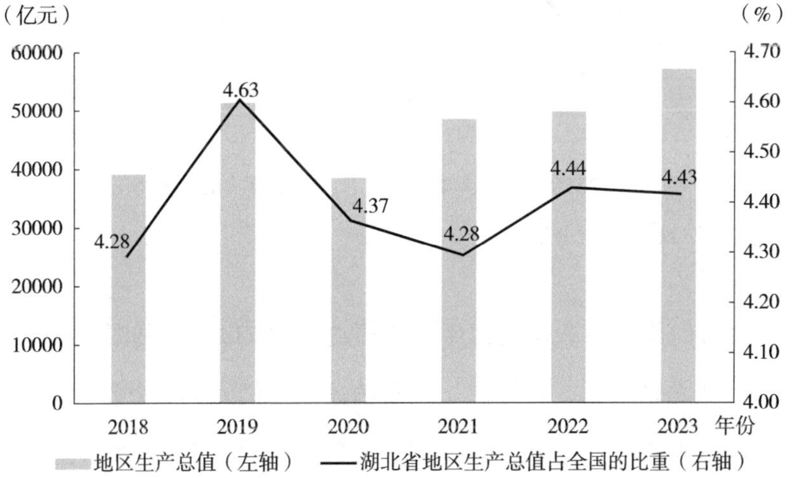

图1–7　2018—2023年湖北省地区生产总值及其占全国的比重

资料来源：湖北省统计公报。

看，湖北省地区生产总值呈现明显回升态势，三次产业比重变化呈现制造业和服务业均衡平稳发展的态势，这体现了湖北省品牌经济发展拥有规模基础雄厚和发展潜力较大的产业结构特征。

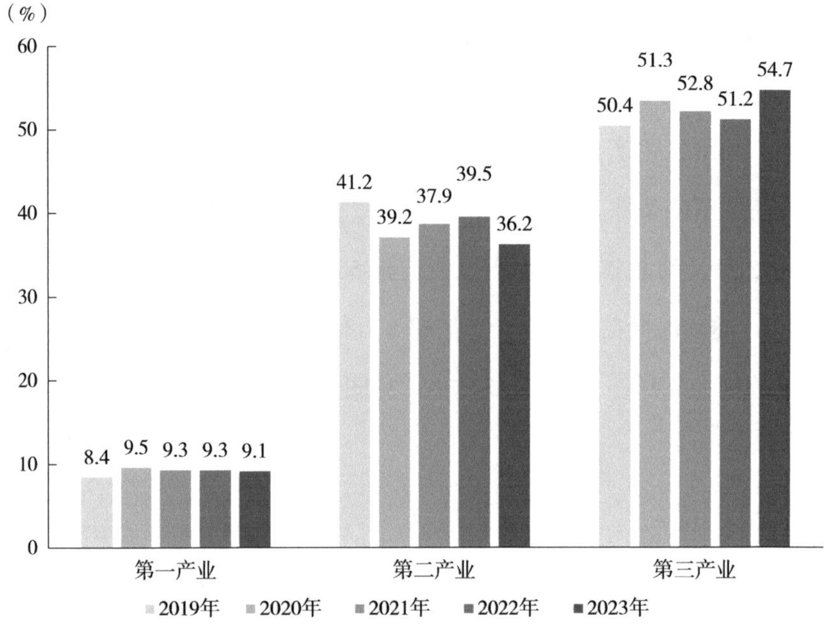

图1-8　2019—2023年湖北省三次产业比重年度变化情况

资料来源：湖北省统计公报。

2023 年，湖北省人均地区生产总值达到 95538 元（见图 1-9），落后于地区生产总值增速，在地区生产总值超 5 万亿元的 8 个省份中位居第五。连续多年的数据显示，湖北省实现了从经济复苏到全面增长的跨越，湖北省居民对全省经济增长的获得感明显增强。

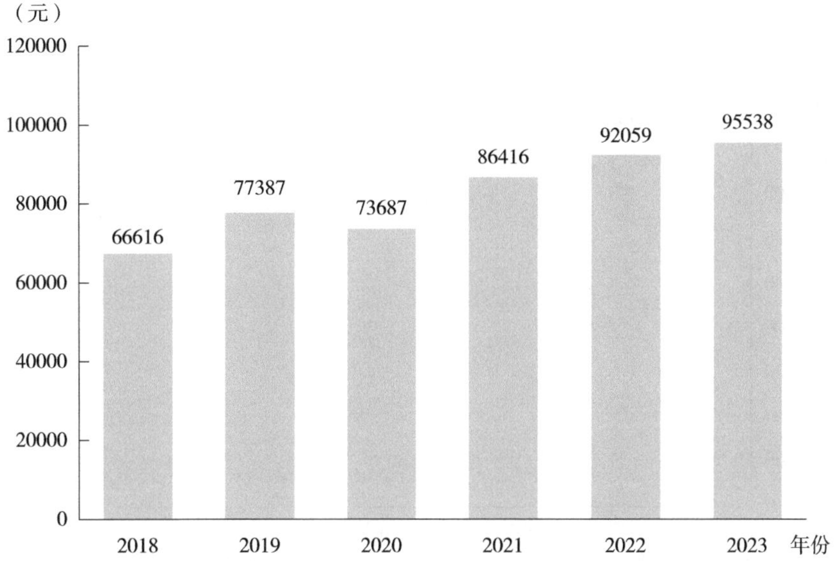

图1-9 2018—2023年湖北省人均地区生产总值变化情况

资料来源：湖北省统计公报。

（二）市场总量增长，需求潜力释放

品牌经济的发展有赖于持续向好的市场环境，适度规模、适度增速的社会消费品零售总额和较高的人均可支配收入水平能够反映区域居民的生活水平，进而决定居民购买力和对品牌的接受程度。

2023 年，湖北省社会消费品零售总额达到 24041.89 亿元，同比增长 8.50%，从 2023 年数据看，湖北省社会消费品零售总额总规模在地区生产总值超 5 万亿元的 8 个省份中排名第七，增速排名第三，增速落后于四川省和山东省（见图 1-10）。作为中部地区崛起的重要战略支点，湖北省社会消费品零售总额的变化是中部地区市场的风向标，其快速增长的积极态势为推动品牌经济繁荣奠定了良好的市场基础。

从跨年度数据来看，湖北省社会消费品零售总额与人均可支配收入总体上均呈增长趋势（见图 1-11）。实现品牌经济可持续发展的市场潜力不断释放。

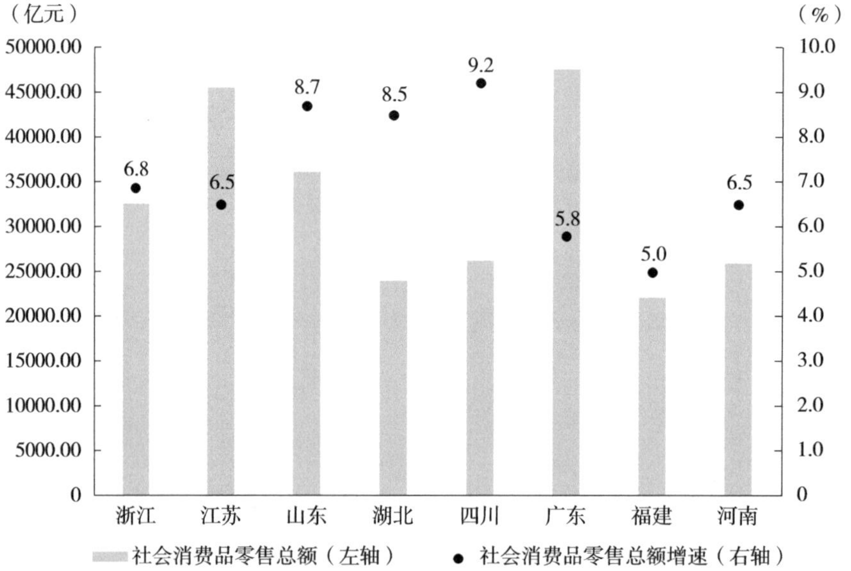

图1-10　2023年湖北省社会消费品零售总额及增速与部分省份比较情况

资料来源：相关省份统计公报。

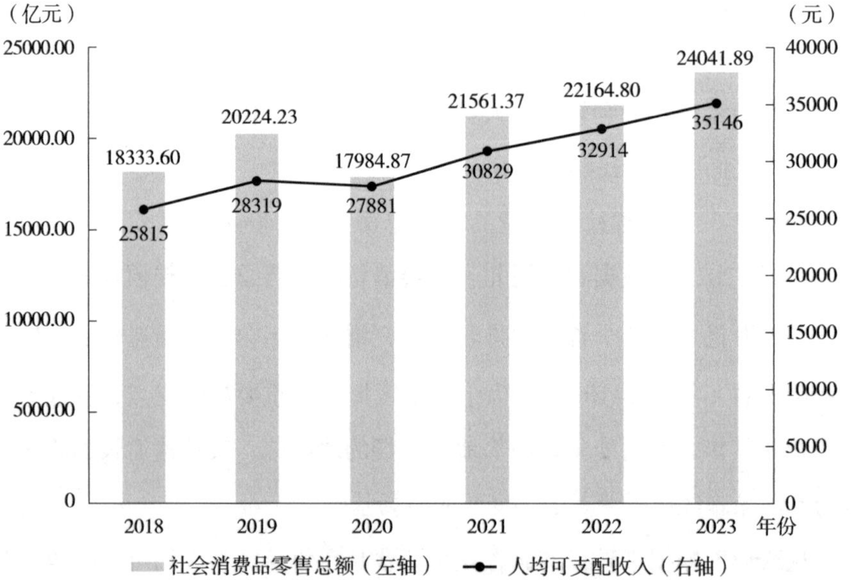

图1-11　2018—2023年湖北省社会消费品零售总额与人均可支配收入比较情况

资料来源：湖北省统计局。

（三）投资持续走强，引领发展信心

品牌经济的可持续发展离不开持续向好的投资环境和不断集聚的规模资金。较高增速的固定资产投资是品牌经济中长期发展的信心保证，较大规模的固定资产投资是品牌经济对资本积聚作用的反映，同时也是品牌活力被不断激活的引领性因素。

2023年，湖北省固定资产投资（不含农户）比上年增长5.0%。其中，第一产业投资增长3.0%，第二产业投资增长9.9%，第三产业投资增长2.6%。从2023年数据看，湖北省全社会固定资产投资同比增长5.0%，增速在地区生产总值超5万亿元的8个省份中排名第四（见图1–12）。2023年，湖北省固定资产投资增速回落（见图1–13），民间投资增长3.0%，占全部投资的比重为56.3%，湖北省品牌建设的投资驱动力开始转移。

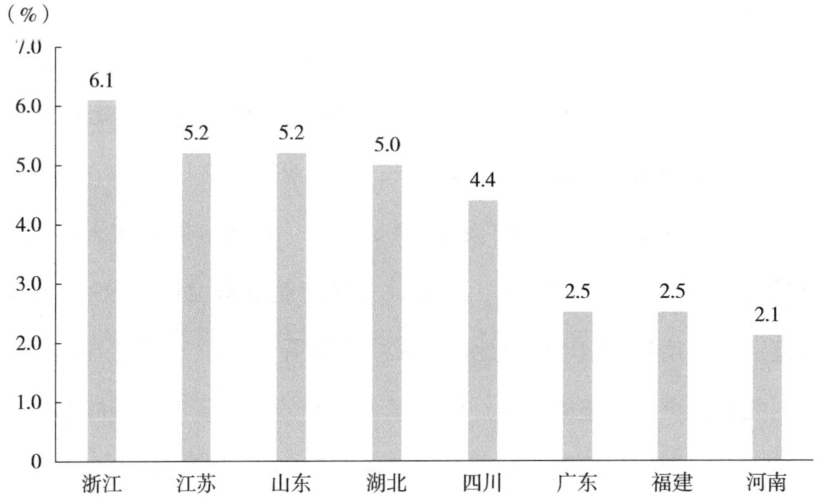

图1–12 2023年地区生产总值超5万亿元省份的固定资产投资增速

资料来源：相关省份统计局。

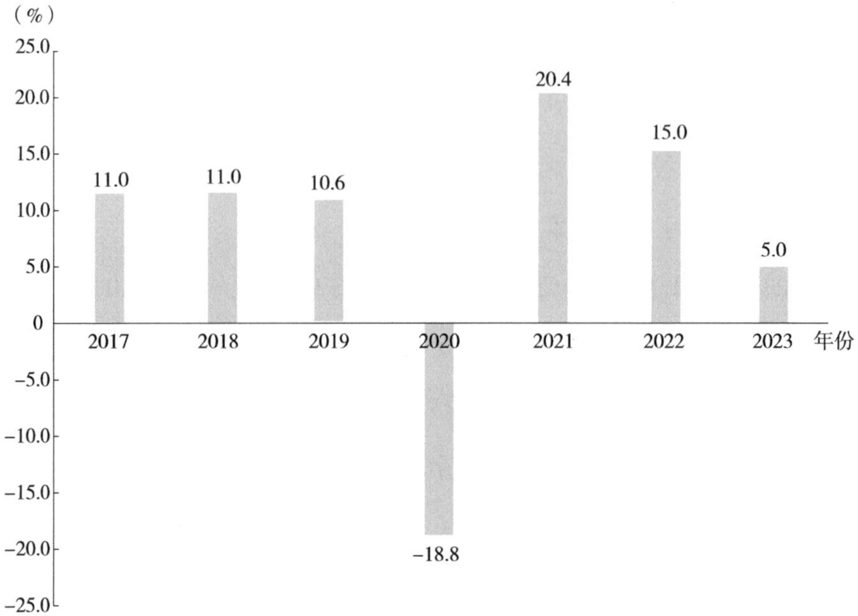

图1-13　2017—2023年湖北省固定资产投资增速变化情况

资料来源：国家统计局。

从2023年湖北省固定资产投资行业分布来看，基础设施投资增长6.4%，其中交通运输业投资增长13.4%；制造业投资增长6.7%，其中化学原料及化学制品制造业投资增长29.5%，铁路、船舶、航空航天和其他运输设备制造业投资增长28.9%，通用设备制造业投资增长25.9%，专用设备制造业投资增长16.1%；房地产开发投资下降3.5%（见图1-14）。这反映出湖北省注重改善基础设施、强化基础配套的固定资产投资倾向，有助于为品牌经济发展创造更优越的环境。住宿和餐饮业投资的恢复成为品牌经济发展的积极信号，房地产开发、批发和零售业投资的下降，反映出湖北省品牌经济发展动能转换的整体态势。

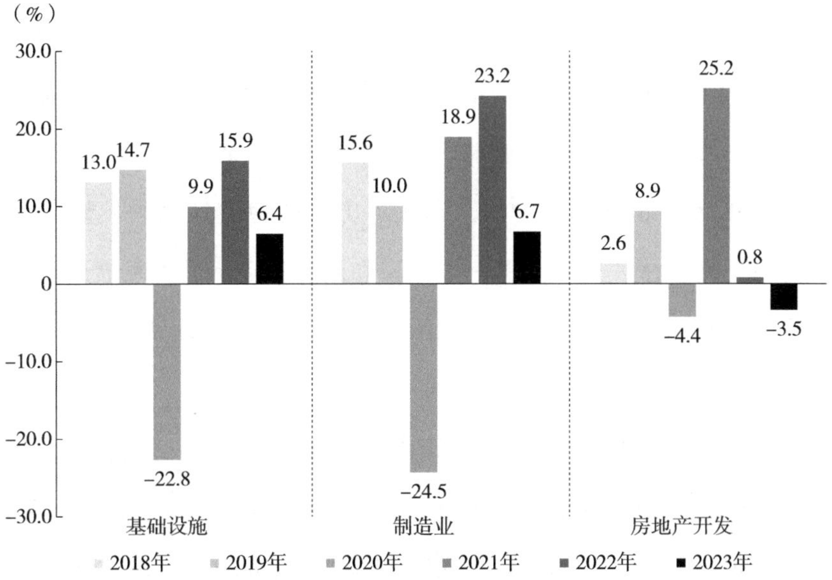

图1-14　2018—2023年湖北省固定资产投资增速分行业统计情况

资料来源：国家统计局。

三、品牌发展环境全面优化

（一）发展政策实现全生态覆盖

党的十八大以来，湖北省政府及各市（州、林区）政府纷纷围绕推进品牌战略发展、开展品牌建设、繁荣品牌经济，提出明确的政策要求。实施品牌战略已经上升为政府主导的重要工程，各市（州、林区）政府纷纷在金融、科技、人才、财税、公共服务等方面细化对品牌的支持措施。

从全省层面看，湖北省政府陆续出台了《湖北省人民政府关于推进品牌强省建设的若干意见》《湖北省人民政府办公厅关于发挥品牌引领作用 推动供需结构升级的意见》《湖北省品牌提升专项行动方案（2020—2022）》《省人民政府办公厅关于新时代推进品牌建设的实施意见》《建设品牌湖北推动高质量发展行动纲要》等多个政策文件，并将品牌建设纳入

《湖北省国民经济和社会发展第十四个五年规划和二〇三五年远景目标纲要》，开展了优势商标品牌选树工作，在全国率先颁布了《“湖北精品”认定管理办法》，吹响了湖北品牌建设向精品迈进的集结号。

从近年来湖北省各市（州、林区）出台的地方性品牌发展政策来看，各市（州、林区）不仅贯彻了国家和湖北省关于品牌发展的系列政策，同时重视与地方经济发展现实相结合、与地方经济发展的刚性需求相结合。

2017 年，武汉市出台了《武汉市人民政府办公厅关于发挥品牌引领作用 推动全市供需结构升级的意见》，前瞻性提出凝聚市场、企业、政府、社会四方面力量，培育“名企、名品、名家”，建立城市品牌、行业品牌、企业品牌互动的品牌经济发展体系；提出引进外来知名品牌带动武汉品牌发展的策略。

2015 年，宜昌市出台了《宜昌市人民政府关于进一步加快发展品牌经济的意见》，提出“扩大品牌总量，提高品牌质量，放大品牌效应，增强宜昌核心竞争力，让品牌经济成为宜昌加快发展和转型升级的重要引擎”的工作思路；2018 年出台了《宜昌市人民政府办公室关于发挥品牌引领作用 推动供需结构升级的实施意见》，确立了以区域品牌为龙头，涵盖产品品牌、企业品牌、区域品牌“三位一体”的品牌建设工作思路，并出台了《宜昌市知识产权质押融资实施办法》等一批商标品牌扶持政策。

2021 年，荆州市出台了《荆州市人民政府关于开展质量品牌提升行动促进经济高质量发展的实施意见》，结合地方社会经济发展要求，围绕深入开展质量品牌提升行动，提出质量发展优势显著增强、品牌引领能力明显提升、质量基础体系更加健全的总体目标。

2016 年，荆门市出台了《荆门市人民政府关于进一步加强品牌荆门建设的意见》，提出以品牌打造荆门核心竞争力，着力构建多领域、多层次品牌体系，打响荆门品牌。

2014 年，咸宁市出台了《咸宁市人民政府关于进一步推进品牌建设的若干意见》，提出“扩大品牌总量、提升品牌质量”的工作思路，围绕发展培育制造业品牌，加强农产品品牌建设，加快培育服务业品牌，发展“老字号”、知名商号品牌，争创优势出口品牌，支持中小企业创品牌，建立完善品牌保护体系等主要任务开展品牌建设，进一步明确了对企业品牌建设成果进行奖励的政策要求。

2018 年，恩施州出台了《恩施州人民政府办公室关于加强品牌建设推进建成全省特色产业增长极的意见》，2022 年颁布了《恩施州人民政府办公室关于新时代推进品牌建设的实施意见》，明确将培育优质农产品品牌、制造业品牌、生态文旅康养品牌、生物医药品牌、富硒产业品牌和区域品牌作为主要目标。

湖北省高度重视从顶层设计、政策扶持、培养激励等方面多措并举推动品牌建设，围绕各自优势，呈现品牌全生态覆盖的典型特征：各地政策基本覆盖了品牌相关的质量、技术、标准、产业、市场、人才等品牌经济生态要素，同时又重视与各自发展基础条件和发展特色相结合，逐步形成了湖北省打造全域品牌的基本格局。湖北省品牌建设的政策推动表现出以下特征：持续推动质量强基，明确科技和标准的引领和促进作用，促进产业特色发展，优化营商环境，激活市场需求，做好宣传工作和人才培养工作，重视引进外来品牌与培育自主品牌相结合，实现区域品牌、产业品牌、企业品牌和产品品牌协同发展。这些做法在全国有很强的示范意义。

（二）依法保障实现全周期服务

随着我国社会经济的不断发展，品牌建设工作不仅要统筹协调发展问题，还要高度重视品牌在不同发展阶段面临的风险和挑战，特别是在以数字经济为代表的新技术、新业态冲击下产生的非传统安全问题。要统筹发展和安全两件大事，依法合规保障品牌可持续发展。

商标侵权是品牌安全领域最常见的问题。2023 年，湖北省人民法院受理各类知识产权案件 18967 件，审结 16823 件，结案率为 88.7%，“京山桥米”案入选“中国法院 50 件典型知识产权案例”；全省检察机关共起诉侵犯知识产权刑事犯罪 389 人，同比增长 63%，省人民检察院扎实开展知识产权检察职能集中统一履行工作，在全国率先以“知识产权综合履职适用率”为抓手推进综合履职；全省公安机关共办理各类侵犯知识产权和假冒伪劣犯罪案件 526 起，抓获犯罪嫌疑人 1293 名，打掉制假团伙 143 个，捣毁生产、储存、销售窝点 315 处，涉案总价值 10 亿余元；全省市场监管系统共办结知识产权案件 1329 件，案值 1.82 亿元；全省各级版权执法部门立案查处各类侵权盗版案件 162 件；全省知识产权系统专利侵权纠纷案件立案 2430 件，结案 2424 件，结案率为 99.75%；武汉海关全年共查获侵权商品 2250 批 5627 件，案值 1405 万余元，十堰公安机关成功破获东风重工（十堰）有限公司商标被侵权案；与“安琪酵母”建立警企合作机制，连续三年对假冒该品牌酵母开展波次打击，有力维护了安琪品牌在全国酵母行业的龙头地位；开展民生领域案件查办“铁拳”行动，襄阳市市场监管局查处赵某超等人制售侵犯注册商标专用权白酒案，涉案金额 2000 万元；仙桃市市场监管局查处黄某生产销售侵犯注册商标专用权服饰案，处罚款 42.58 万元。

企业品牌建设伴随在企业发展的各个周期。湖北省品牌保护工作重视与企业发展周期相结合，在初创期通过便利化商标注册引导企业建立与之相适应的商标保护体系；在成长期重视对商标品牌的依法合规使用，避免非故意侵权和不必要侵权案件的发生；在成熟期重视对自有品牌的合法保护，引导建立完善的品牌法律保护体系，帮助企业查处侵权案件，创造良好的品牌发展法治环境；在转型升级的关键时期，引导企业做好品牌资产的保护工作，加强对既有驰名商标的保护。

品牌质量问题是品牌发展过程中面临的常态化挑战，也是当前品牌发展过程中的难点、痛点和关键点。加强对品牌质量安全问题的动态监管、关键环节监管是重中之重。2023 年，湖北省市场监管局组织对日用及纺织品、电子电器、轻工产品、建筑和装饰装修材料、机械及安防、电工及材料、食品相关产品等七大类 54 种产品开展质量监督抽查，共抽查 1489 家经营主体生产或销售的 2908 批次产品，其中生产领域 1101 批次、线下流通领域 1637 批次、线上流通领域 170 批次。湖北省市场监管局通过完善进货查验制度、建立进销货台账的方式，督促不合格产品生产企业针对抽检不合格项目，采用加强质量关键环节控制、开展技术人员培训等方式整改；通过开展产品质量技术帮扶“巡回问诊”活动，针对抽检中发现的质量问题，逐条分析相关产品和项目问题原因，出具质量问题“诊断书”，属地市场监管部门同步为相关企业提供上门帮扶服务；对抽查不合格产品生产或销售企业进行立案查处。

近年来，国内品牌舆情问题呈现频发多样态势，湖北省消费者委员会积极履行法定公益职责，主动捕捉消费舆情热点，积极化解重大（群体性）消费纠纷，筑牢舆情风险“防火墙”。全省消费者委员会组织积极履行法定公益职责，消费教育引导、消费监督评议、消费投诉调处、维权协同共治、助企纾困帮扶等工作取得显著成效。整合专业消保力量、市场监管部门职能力量、消费者联席会议成员单位力量和社会监督力量；做到三个全面发力，开展消费投诉多元处理、协助市场监管精准执法、倒逼市场主体提供高质量产品和服务；开展消费维权效能提升行动、消费环境优化行动、消费牵引监管执法行动、消费维权智慧支撑行动、消费品质提升行动，推动全省消费者权益保护工作高质量发展。

（三）平台推广实现全要素触达

近年来，湖北省高度重视创新搭建扶持湖北省品牌发展的综合性宣传平台，围绕品牌宣传工作包含的政府机构、投资者、供应商、渠道商、目标用户、社会公众等关键要素，用好重大平台，把握重要节点，抓住重点人群，着力提升品牌推广实效。

湖北省积极对接央视“品牌强国工程”，助力开展湖北专项公益行动直播带货活动。安排2.6亿元资金在央视宣传湖北农产品品牌，新华社民族品牌工程联合京东发起“买光湖北货”行动，为湖北经济发展按下加速键。新华社民族品牌工程联动新华社湖北分支机构，协助组织货源上线，整合全媒体资源，推广湖北各类产品。人民日报社新媒体中心联合知名主播、淘宝电商平台推出“为鄂下单”系列公益直播湖北专场活动，潜江小龙虾、汉口热干面、随州香菇、恩施春茶等各色湖北产品在直播间上线。湖北省有关部门积极组织重大平台在重大节点开展湖北品牌创建工作，在不断提升湖北品牌全国影响力的同时，实实在在地为湖北企业产品销售搭建渠道平台，为提升企业品牌竞争力提供支撑。

在2024年中国品牌日活动中，湖北省遴选41家品牌企业组团参展，并在湖北馆外首次增设光谷馆，向世界传递湖北品牌的魅力与活力。活动期间，湖北馆组织利川红·中国红茶艺展演和非遗汉秀旗袍走秀，发布湖北企业品牌价值评价结果，推介湖北兴发化工、长江电气、宇星水钴、江南专汽、羊楼洞茶业、恩施大峡谷旅游 6 家企业品牌以及英山云雾茶、京山桥米和秭归脐橙 3 个区域标杆城市品牌。8 家地方特色企业亮相美好市集展区，展示一批引领消费的本土知识产权（IP）。2023 年，在第六届中国国际进口博览会上，湖北组织 30 家企业携百余件展品参展，以丰富的表现形式，互动、沉浸式场景体验方式，重点展示了湖北加快建设国内国际双循环重要枢纽、构建高能级开放平台、发展优势产业等方面的最新成果。2023 年，在中国国际服务贸易交易会上，湖北省以“数字创造未来 服务助推先行”为主题，由来自武汉、襄阳、宜昌、十堰等市（州、林区）的 15 家企业亮出“十八般武艺”，展示“湖北服务”的硬本领和巧招式。在“湖北主题日”活动期间，通过楚菜全球推介暨服务贸易重大项目签约活动全方位地展示服务贸易创新发展成果，组织撮合对接活动。

与此同时，湖北省围绕省内品牌建设需求，结合湖北省地理标志资源富集的优势，不断助力地理标志相关产业发展。截至 2023 年 12 月，全省获批保护的地理标志产品有 165 个，位居全国第二；注册地理标志商标 532 件，位居全国第四。湖北省连续多年举办湖北地理标志大会暨品牌培育创新大赛，率先在国内搭建地理标志推介的综合性、专业化平台。2023 年，在第四届湖北地理标志大会暨地理标志展示品鉴活动中，鄂州武昌鱼、房县小花菇等 48 个地理标志品牌同场竞技，以地理标志产品为载体进行现场展演，讲述湖北省地理标志产品特色质量、人文传承、历史印记、产业布局，生动展示了不同区域、不同种类荆楚品牌的魅力，再次擦亮了地理标志这个“金招牌”。近年来，针对竹溪贡米、阳新屯鸟、蔡甸豆丝、罗田板栗、随州芽茶、郧阳木瓜、郧阳红薯粉条等产品推行“地理标志 + 旅游”模式，发展农旅融合经济，带动当地超 10 万人就业，近 30

万农民增收致富。地理标志相关产业已成为带动区域经济跨越式发展、推动农业品牌经济发展的重要力量。

湖北省知识产权局和湖北广播电视台联合举办的2023年“我喜爱的湖北品牌电视大赛”中，腾龙洞、清江画廊、蔡林记、三峡人家、云鹤牌、尧治河、爽露爽、华周壹兰、晓飞歌、鄂州武昌鱼10个品牌获金奖，盛隆等10个品牌获银奖。全省17个市（州、林区）推荐的61个品牌在初赛中赢得超过600万人次的网络访问量和超过400万的投票量。决赛网络投票访问量超过1350万人次，投票量超过420万，观看决赛网络直播的人数超过110万人次。

湖北省高度重视利用新媒体推动品牌建设。2020年，实施“湖北重启 抖来助力——抖音援鄂复苏计划”，投入百亿流量，进行百场直播，通过市长发言、明星连线、商家直播、媒体助阵、达人探点等形式，多举措支持湖北高效复工复产。在抖音平台上开展13场“市长带你看湖北”直播活动，推介湖北各地特色农产品等消费品，将湖北省优质商品介绍给全国消费者。2024年，抖音平台上“湖北DOU是好风光”等相关活动话题吸引了近2.7万条投稿，视频总播放量达14.43亿次，获赞1676万个。“来武汉问梅村寻花觅春吧”“湖北独有的赏花看戏”“变装解锁山水湖北”等话题纷纷登上湖北同城榜，相关内容为湖北乡村旅游业带来2.97亿元的线上交易额。武汉鸭脖、武汉热干面、襄阳松花皮蛋、潜江小龙虾、秭归伦晚帝王橙、鄂州武昌鱼、荆门风干土鸡、洪湖阳干鱼尾、随州大花菇、洪湖莲藕成为湖北省销售情况最佳的十大特产，巴东神龙溪旅游区、遗爱湖公园、武汉长江大桥、武当山风景区、仙岛湖生态旅游风景区、麻城孝感乡文化公园、武汉光谷广场、武汉海昌极地海洋公园、黄石天空之城景区、长江三峡大坝旅游区成为抖音平台热度上升最快的湖北省旅游景点品牌。在借助省内外主流媒体宣传推介湖北品牌的同时，湖北省进一步用好新媒体平台，紧紧抓住目标用户群需求，极大提升了湖北品牌在新用户群体中的知名度和美誉度。

第二章

新时代品牌发展湖北模式精彩呈现

站在全面建设社会主义现代化国家、全面推进中华民族伟大复兴的历史新起点上，党的二十大明确提出了新时代新征程党的中心任务就是团结带领全国各族人民全面建成社会主义现代化强国、实现第二个百年奋斗目标，以中国式现代化全面推进中华民族伟大复兴。品牌是高质量发展的重要象征，加强品牌建设是满足人民美好生活需要的重要途径。新时代十年的伟大变革，我国品牌建设从奏响序曲到春华秋实、从逐梦前行到硕果累累。在全国品牌建设的征程上，湖北省深入贯彻习近平总书记关于品牌建设的重要指示精神，始终紧跟品牌建设和品牌发展的时代步伐，从勇做弄潮儿到千帆竞渡、百舸争流，品牌政策措施有力，品牌创新动能持续转化，品牌战略稳扎稳打；品牌经济综合实力显著增强，动能不断释放，产业结构特色鲜明，引领全球发展趋势。

从以东风汽车、华新水泥、武船、武重、劲牌、稻花香为代表的传统优势企业品牌，到以长飞、华星光电、骆驼、安琪、人福、高德红外、九州通、卓尔、斗鱼等为代表的高新技术企业品牌，湖北品牌科技创新动能不断增强；从以马应龙、健民、枝江、黄鹤楼等为代表的中华老字号，到以铁四院、中冶南方等为代表的高端设计企业品牌，湖北品牌设计水准不断提升；从以周黑鸭、绝味鸭脖、良品铺子为代表的新兴食品企业品牌，到以美尔雅、红人、爱帝、猫人等为代表的服饰企业品牌，湖北品牌走在消费时尚前沿；从秭归脐橙、房县黑木耳、洪湖莲子、宜城板鸭、竹山绿松石、百里洲砂梨、巴河莲藕、襄阳大头菜、黄陂荆蜜等著名地理标志产品享誉天下，到以恩施玉露、利川红、英山云雾茶、赤壁青砖茶、襄阳高香茶为代表的湖北茶品牌异军突起，湖北品牌区位价值不断凸显。

今天的湖北品牌坚持自主创新、坚守区域特色，在争创第一和创造唯一中，为精彩传奇的“中国品牌故事”绘制了新时代的湖北画卷，为激动人心的“中国品牌奇迹”贡献了新时代的湖北力量，为书写气象万千的“中国品牌答卷”贡献了新时代的湖北智慧。

在全球品牌战略主题从产品时代转向服务时代并进一步向责任时代迈进的过程中，湖北品牌建设和品牌经济发展工作不仅在产品品牌、企业品牌、集群品牌和区域品牌等不同层面面临更加复杂、更多维度、更多不确定性的发展问题，而且面临传统全球产业合作格局重构、国际分工体系全面调整、关键环节的国际竞争壁垒持续增加等挑战，以及信息安全和隐私安全问题等数字经济领域的全新安全挑战。

全球品牌经济发展的规律显示，区域在跨过高收入经济体门槛后，品牌经济发展将从量的增长转向质的提升，从单一品牌的代表性增长、集群品牌的规模化发展进入场景化、簇群化、生态化发展的新阶段。统计数据显示，2023 年湖北省人均地区生产总值已经达到 95538 元，全国排名第九，在我国内陆省份中排名第一。其中，宜昌市、武汉市、鄂州市、襄阳市、潜江市 5 个地区率先进入品牌经济发展的加速阶段，仙桃市、荆门市、黄石市 3 个地区处于品牌经济发展的提速阶段，咸宁市、十堰市、孝感市、随州市、天门市、荆州市、神农架林区、黄冈市和恩施州等地区处于品牌经济发展的培育阶段。湖北品牌经济发展的区域梯队结构逐步形成，尤其是在武汉市“一主引领”下的武汉“1+8”城市圈中，随着武汉市品牌经济外溢效应的不断积累和显现，鄂州市、潜江市、仙桃市、黄石市 4 个城市进入品牌经济加速发展阶段。

湖北省加强品牌建设，品牌经济已经进入高质量发展新阶段，在政治、经济、社会、文化和生态文明等领域呈现鲜明的时代特征和地域特色，并对系统化、科学化、精准化、专业化开展品牌建设提出更高的要求。

一、以全过程质量提升为品牌发展擦亮底色

湖北省委、省政府高度重视品牌建设工作，围绕推动品牌强省建设精准发力、持续用力、集聚合力，不断强化品牌创建意识、持续夯实品牌建设基础、不断推进品牌提升行动、持续形成品牌工作合力、不断优化品牌发展环境，积极探索形成以企业为主体、市场导向、政府推动、社会支持的品牌建设机制。

党的十八大召开后，湖北省出台《湖北省人民政府关于推进品牌强省建设的若干意见》，提出以“扩大品牌总量、提升品牌质量”为工作主线，统筹数量增长、质量提升、保护完善的阶段性发展目标。

党的十九大召开后，围绕供给侧结构性改革的重要任务，在《湖北省人民政府办公厅关于发挥品牌引领作用 推动供需结构升级的意见》指导下，全省聚焦品牌基础建设工程、供给结构升级工程、需求结构升级工程三大任务，充实工作内容，落实分工责任、组织保障实施。

党的二十大召开后，围绕推动中国式现代化的新时代新任务，湖北省政府依据《省人民政府办公厅关于新时代推进品牌建设的实施意见》，在培育产业和区域品牌、支持企业实施品牌战略、夯实品牌建设基础、优化提升品牌服务、扩大品牌影响力等方面提出了进一步的工作要求。

创新是品牌建设的根本，更是品牌经济发展的魅力所在。纵观湖北品牌强省建设发展的历程，正是深入贯彻落实习近平总书记关于品牌建设的重要指示精神，不断推动质量创新、科技创新和品牌创新的过程。湖北省

品牌强省建设实践为不断丰富“三个转变”时代内涵和区域价值贡献了湖北力量，展现了湖北价值。

质量是品牌的基础，也是品牌形象的代表，塑造品牌形象依靠的是高质量的产品和服务，中共中央、国务院印发的《质量强国建设纲要》中指出，必须把推动发展的立足点转到提高质量和效益上来，培育以技术、标准、品牌、质量、服务等为核心的经济发展新优势。党的十八大以来，湖北品牌建设坚持以“推动中国速度向中国质量转变”为方向，坚持“质量第一、效益优先”原则，围绕构建大质量格局，强化顶层设计、坚持考核督察、优化发展环境；围绕推动质量提升，补齐产品质量、工程质量、服务质量短板；围绕夯实质量发展底盘，推广以计量、标准、认证认可、检验检测为核心，以知识产权和注册登记等为延伸的“一站式”服务模式。

（一）推动品牌建设的质量发展环境持续优化

围绕品牌高质量发展，湖北省出台了《湖北省开展质量提升行动加快建设质量强省实施方案》《中共湖北省委 湖北省人民政府关于推进全省十大重点产业高质量发展的意见》《湖北省疫后重振补短板强功能“十大工程”三年行动方案（2020—2022 年）》《湖北省制造业产业链链长制实施方案（2021—2023 年）》等一系列政策文件，对湖北质量工作作出全面部署并强力推进。各地各部门不断强化质量强省、质量强市、质量强县的组织领导和工作机制，坚持组织开展质量工作考核督察，不断完善考核评价指标体系，出台激发市场主体活力“16 条”，全面推行“证照分离”改革和“双随机、一公开”监管办法，社会各界推动质量发展的积极性被充分调动，逐渐形成“党委领导、政府主导、部门联合、企业主责、社会参与”的大质量工作格局，营造了良好的发展环境。

（二）推动品牌质量提升的工作机制进一步完善

湖北省编制的《质量提升省级示范项目工作指引（试行）》《质量提升省级示范项目效益测算指引（试行）》，已通过省级地方标准立项，填补了全省乃至全国相关标准空白。湖北省委托第三方开展质量提升经济效益测算，指导各地优化项目实施，促进质量提升工作规范化、标准化、科学化，质量提升示范带动作用更加凸显。以 2022 年为例，全省累计投入经费 6047 万元，服务企业 17219 家，解决企业问题 10563 个，开展培训 766 场，培训企业员工 30205 人次，为企业降本增收超过 96 亿元。2022 年湖北省质量提升行动成效如表 2–1 所示。

表2–1　湖北省质量提升行动成效一览

项目	指标	比例
产品质量	主要工业产品合格率	95.04%
	农产品质量安全例行监测合格率	99.40%
	药品监督抽查合格率	99.23%
	药品安全公众满意度	86.56%
	入境货物检验检疫批次合格率	99.04%
	出境货物检验检疫批次合格率	99.93%
工程质量	“两书”（新建项目授权书、承诺书）签订率	100.00%
	“一牌”（竣工工程永久性标牌）设置率	100.00%
	在建公路重点工程监督抽检总体合格率	96.90%
	国省干线公路监督抽检总体合格率	96.70%
	农村公路监督抽检总体合格率	95.30%
	水利工程质量飞检总体合格率	97.26%

资料来源：本书编写组整理。

（三）推动品牌发展的质量基础设施更加完善

加快推动质量基础设施“一站式”服务工作体系建设。制发《湖北省质量基础设施“一站式”服务站建设管理指南（试行）》《湖北省质量基础设施“一站式”服务站认定指南（试行）》，质量基础设施布局更加合理，计量、标准、认证认可、检验检测、质量管理等良性协同，质量基础设施“一站式”服务模式基本形成，质量基础设施效能评价制度基本建立，国家质量基础设施（NQI）综合服务能力、影响力、竞争力有效提升。聚焦重点产业链拓宽建站渠道。邀请专业技术服务机构对换热器、潜江虾稻等 14 个产业集群质量基础设施“一站式”服务平台实行规范管理，规范形象设计，规范验收挂牌，规范服务流程，规范工作制度，规范绩效考核。省农业科学院在十堰市农业科学院建设武当山茶“一站式”服务中心站，服务体系辐射十堰市各县（市、区）、龙头企业和茶产业集聚区，实现十堰市茶叶科技服务全覆盖，为建立产业链全流程 NQI“一站式”服务模式提供了可复制的实践经验。结合重点工作推进质量技术综合服务惠企增效。印发《省市场监管局推行质量品牌提升金牌“店小二”服务实施方案》，强化五大服务举措，编制金牌“店小二”服务能力清单、重点项目清单，组建一批线上线下“店小二”服务团队，主动下沉一线，深入开展服务。截至 2023 年初，全省总计建设“一站式”服务站 150 个、服务窗口 322 个，县域覆盖面超 98%，建设服务站及窗口服务企业 61114 家，为企业减免和节约各类费用达 44726.98 万元，解决问题 15534 个，带动就业 89959 人次，NQI 技术服务体系遍布全省。

二、以全方位科技创新为湖北品牌提升成色

科技创新是品牌建设的核心，更是助推品牌发展的活力源泉和不竭动力。科技创新是品牌发展的“关键变量”，也是实现高质量发展的“最大增量”。湖北品牌建设坚持以“推动中国制造向中国创造转变”为原则，不断加强关键核心技术攻关，提高品牌核心竞争力。牢固树立“科技是第一生产力、人才是第一资源、创新是第一动力”的理念，认真贯彻落实党的二十大精神和湖北省第十二次党代会决策部署，担负起实现高水平科技自立自强的重大历史使命和政治责任，以将武汉建设成为具有全国影响力的科技创新中心为引领，加速提升湖北省科技自立自强水平，加快打造全国科技创新高地。

《中国区域科技创新评价报告 2023》显示，湖北省区域科技创新水平居全国第七、中部地区第一，综合科技创新水平指数达到 74.63%，较 2022 年提高约 2.5 个百分点；全国唯一一家光电子知识产权运营中心落户武汉产业创新发展研究院，武汉人工智能计算中心获批国家新一代人工智能公共算力开放创新平台。2023 年，湖北省获批 6 家国家创新型产业集群，新增数量居全国第一，总量居全国第三；新获批 9 家国家级科技企业孵化器，总数达到 84 家，位列全国第五；新备案认定新型研发机构 77 家，总数达 477 家。

湖北省品牌强省建设科技创新领域主要绩效指标如表 2–2 所示。

表2–2　湖北省品牌强省建设科技创新领域主要绩效指标

主要项目	指标	数量/比例	备注
科学技术奖励	国家最高科学技术奖	1项	2023年
	国家自然科学奖	2项（二等奖）	
	国家技术发明奖	6项（二等奖）	
	国家科学技术进步奖	1项（一等奖）	
		9项（二等奖）	

续表

主要项目	指标	数量/比例	备注
中国专利奖	银奖	3项	2023年
	优秀奖	23项	
	外观设计优秀奖	3项	
制造业单项冠军	制造业单项冠军	30家	前6批次
湖北专利奖	金奖	20项	2021年
	银奖	25项	
研究与实验发展（R&D）投入	R&D投入强度	2.41%	2022年

资料来源：本书编写组整理。

（一）区域创新布局支撑品牌全域发展

近年来，湖北省全力助推武汉建设具有全国影响力的科技创新中心，出台《中共湖北省委 湖北省人民政府关于加快推进武汉具有全国影响力的科技创新中心建设的意见》及配套实施方案，加强省、市、区协调联动和日常调度，全力推进区域创新核心枢纽建设，加强科技创新对品牌建设的引领、支撑和驱动作用。以东湖科学城为核心区域的光谷科创大走廊新开工建设 105 个重大科创项目，“武鄂黄黄咸”一体化联动创新发展格局加快形成；武汉人工智能计算中心、超算中心等一批重大项目先后建成投运；襄阳、宜昌区域科技创新中心建设加快推进，辐射带动襄阳都市圈、宜荆荆都市圈创新驱动发展，为都市圈品牌建设提供科技动能。全域创新呈现多点支撑，黄石、荆门等国家创新型城市建设加快推进，大冶、宜都、仙桃通过首批国家创新型县（市）验收。湖北省现有国家级高新技术产业开发区 12 个，国家自主创新示范区 1 个。

（二）科技创新平台推动品牌动能提升

推进高水平实验室体系建设，加强科技创新对品牌发展的引领作用。积极推进在光电子、生物育种等前沿领域争创国家实验室或基地，推动9家湖北实验室加快实体化运行，取得一批重大成果，10家通过首批全国重点实验室优化重组评审，2家被纳入标杆建设序列，数量位居全国第三，新认定19家省重点实验室，总数突破200家。

布局高能级技术创新平台建设，为推动从品牌创新到技术创新的转化搭建平台基础。新建3家省级技术创新中心，全省省级以上技术创新中心达到14个。全省新型研发机构新增备案21家，总数达到418家，位居全国第二。

加强高质量科技服务平台建设，为全省品牌创新发展提供新引擎和新动能。新增国家级孵化器12家，总数跃居全国第五；新增国家级众创空间18家，总数跃居全国第七；新备案72家省级星创天地；华中科技大学与武汉东湖高新区共建的“光电与医疗装备未来产业科技园”入选全国首批10家“未来产业科技园”建设试点。

（三）产学研用融合推动品牌价值转化

湖北省聚焦电子信息、新能源与智能网联汽车、生命健康、高端装备、北斗五大具有突破性发展优势的产业（集群），大力推行“揭榜挂帅”“赛马制”科研攻关，启动省级创新型产业集群建设，首批认定25个省级创新型产业集群，与10个国家级创新型产业集群形成梯次联动发展体系。

进一步推动企业品牌创新主体梯次培育，支持中国信息通信科技集团有限公司、华工科技产业股份有限公司、东风汽车集团有限公司（以下简称东风汽车）等11家优势品牌企业建设科技领军企业。实施服务高新技术企业的“春晓行动”，加快培育壮大高新技术企业群体。加强科技型中小企业入库评价，出台专项政策引导多方资源支持科创企业培育。新遴选培育 512 家科创“新物种”企业，其中“瞪羚”企业 504 家；享受研发费用加计扣除政策的高新技术企业逾 1.3 万家，同比增长 35.42%；减免所得税近 160 亿元，同比增长 52.66%。

发挥品牌引领作用，推动科技成果高效转移转化，高标准建设湖北・汉襄宜国家科技成果转移转化示范区，中国工程院院士专家成果湖北展示与转化中心顺利揭牌，实现国内领先科研成果与湖北品牌建设需求的本地化集聚；开展“联百校、转千果”等系列对接活动 15 场，展示推介科技成果 3718 项，实现科技创新与品牌发展的“手拉手”“门到门”；以品牌为引领促进科技金融融合创新，上线湖北科创企业智慧大脑数据平台，联合金融机构推出 60 项企业创新积分应用金融产品，首批授信试点为全省 2600 余家科创品牌企业授信逾 660 亿元；围绕湖北实验室投融资服务机制，提供投资机构及天使投资人“白名单”共计 160 余家、科技金融产品 40 余个，助力科技成果向品牌企业深度转化。

三、以全周期品牌管理为湖北品牌增添特色

品牌运营是品牌发展的关键，企业利用品牌这一重要的无形资本，在营造强势品牌的基础上，更好地发挥强势品牌的扩张功能，有利于产品的生产和品牌经营，使品牌资产有形化，实现企业长期成长和增值。湖北品牌建设坚持以“推动中国产品向中国品牌转变”为原则，不断引导企业从产品运营、资本运营向品牌运营升级，推动以系统模式促进品牌建设。

湖北省高度重视对品牌区域特色优势的挖掘和培育，重视荆楚文化、

工匠精神对品牌可持续发展的赋能和推动作用，引导行业和企业不断培育特色品牌，形成品牌特色。在推动产品优质优价的基础上，着力围绕目标消费需求，丰富品牌的文化内涵。逐步形成以地理标志证明商标为切入点推动农业品牌特色运营，以荆楚工匠为特色推动制造业品牌品质提升，以推动老字号传承保护和创新发展为抓手激发老字号品牌活力的多层次品牌运营模式；逐步形成龙头企业品牌引领、产业链协同配套的集群品牌运营模式；逐步形成以光芯屏端网和基建高端制造为代表的具有高端技术、高端设计、高端制造等典型特征的高技术品牌运营模式。

（一）彰显区域特色，凸显品牌文化价值

湖北自古为荆楚之地，文化风俗被称为“荆风楚韵”，湖北品牌是荆楚文化的杰出代表。在推进湖北省强省实践的过程中，从微观视角观察湖北品牌的发展历程可知，湖北品牌建设继承了“筚路蓝缕”的创业精神、“抚夷属夏”的开放精神、“一鸣惊人”的创新精神、“深固难徙”的爱国精神和“止戈为武”的和合精神，同时也传承着“大别山精神”，以及50多年来东风汽车战天斗地、追光而行的“马灯精神”和500多年来“汉派”商业文化的发祥地汉正街“敢为人先、实事求是”的精神。荆楚文化为湖北品牌沉淀了浓浓的商业基因和品牌自信。

第一，从弘扬农耕文化角度，湖北省在积极推动全省农业品种培优、品质提升、品牌打造和标准化生产的同时，以创建获“二品一标”（绿色食品、有机食品和获农业农村部颁发的地理标志农产品登记证书）认证的产品为重点；在推动农产品品质化、功能化的同时，充分挖掘农产品资源禀赋、地域文化、地理区位等优势，传承讲好特色农产品文化故事。根据《湖北省农产品品牌三年培育方案》，潜江龙虾和蕲春蕲艾作为农产品

品牌培育“222”行动中2个省级核心大品牌，深挖产业文化内涵。围绕潜江龙虾重点打造“潜江龙虾节”品牌，开发特色文创产品，建设产品展示展销中心，打造地标性龙虾文化旅游景点，开发龙虾文旅融合休闲农业示范点，推出精品主题旅游线路，让食客变游客、让一次性消费变为“一条龙消费”的产业品牌化水平得以提升。蕲春蕲艾来自传统的中医药文化之乡、养生之都、药圣李时珍之乡蕲春，2022年，蕲春蕲艾品牌价值和产业产值双双突破百亿元。“蕲春艾灸疗法”入选国家非物质文化遗产名录，“蕲春艾灸师”荣获“全国最受关注的劳务品牌”，蕲春县正按照“八统一”的标准做强“蕲春艾灸”品牌，在多个城市建起连锁分馆，助推蕲艾产业快速发展，使之成为强县富民的支柱产业。

第二，从传承工匠精神角度，湖北省扎实推进制造强省建设系列战略部署，连续开展六届荆楚工匠培育创建活动，荆楚工匠立足本职、成长成才的故事，生动诠释了执着专注、精益求精、一丝不苟、追求卓越的工匠精神。广大荆楚工匠以初心铸匠心，以匠心守初心，成为品牌强省建设和企业品牌发展的宝贵财富和重要的无形资产。自2018年起，湖北省每两年开展一次优秀技能人才评选表彰活动，每次评选“湖北工匠”10名、“湖北省技能大师”20名、“湖北省技术能手”70名，分别奖励50万元、10万元、2万元。该评选表彰活动提高了技能人才的社会地位、经济待遇，有效发挥了优秀技能人才示范引领作用，大力弘扬了劳模精神、劳动精神、工匠精神，激励了广大劳动者投身技能成才、技能报国热潮，为湖北省高质量发展贡献了技能力量。近年来，表彰产生的“湖北工匠”在各自的领域和行业作出了卓越的贡献，如第二届“湖北工匠”获得者张义铁，获评“中华技能大奖”“湖北省杰出人才”，被誉为“工人院士”，累计研制出115项技术成果，为企业降本增效7000多万元；第二届“湖北工匠”

获得者邹志平，获评“中华技能大奖”，累计培养学生30人次，获得“湖北省五一劳动奖章”“湖北省技能状元”“湖北省技术能手”“湖北省首席技师”“享受湖北省政府专项津贴专家”等荣誉，充分发挥了优秀技能人才示范引领作用。

自2017年开始，湖北省每年选出百名荆楚工匠，做实荆楚工匠品牌，大力弘扬工匠精神，助推技能人才健康成长，为加快推动“湖北制造”向“湖北精造”和“湖北创造”转变注入新动能。荆楚工匠已经成为湖北高技能人才的一张耀眼名片。“90后”“焊接大师”罗贤每天坚持不少于12小时的焊接技能训练和5小时的焊接理论学习，不断提升专业技能，25岁时就获得了国家级职业技能竞赛冠军，并成为船舶制造“技能专家”。器物有形，匠心无界。小到一枚螺丝钉、一根电缆的打磨，大到运载火箭、载人飞船等大国重器的锻造，荆楚工匠用生动的拼搏故事，将劳动之美、精神之美、时代之美根植于企业和产品品牌内涵之中，成为品牌高质量发展的一张张新名片。

（二）促进双链融合，凸显高技术品牌领先优势

习近平总书记2022年6月在湖北省武汉市考察时强调，高端制造是经济高质量发展的重要支撑。推动我国制造业转型升级，建设制造强国，必须加强技术研发，提高国产化替代率，把科技的命脉掌握在自己手中，国家才能真正强大起来[①]。2022年统计数据显示，湖北省高新技术产业增加值保持快速增长，全省规上高新技术产业增加值完成11698.43亿元，占地区生产总值比重达21.77%，增速达10.1%，高于地区生产总值增速5.8个百分点，对工业增长贡献率达到41.2%。湖北省以建设全国重要先进制

① 《习近平在湖北武汉考察时强调 把科技的命脉牢牢掌握在自己手中 不断提升我国发展独立性自主性安全性》，《人民日报》，2022年6月30日。

造业基地为目标，促进创新链与产业链深度融合，加快推进现代化产业体系建设，重点支持光电子信息、新能源与智能网联汽车、生命健康、高端装备、北斗五大突破性产业创新发展，为高新技术企业品牌建设增加科技动能。

在光电子信息产业，充分发挥“中国光谷”产业集群品牌创新资源聚集优势，依托华中科技大学、武汉华星光电技术有限公司等重点高校院所和品牌企业在光电子信息产业技术创新中的引领地位，实施“高分辨率柔性 OLED① 喷印制造技术与显示屏开发”项目，面向柔性 OLED 新型显示技术，设计开发高效率、高像素密度、低功耗、低成本、超薄化的新型透明 OLED 显示产品，研制形成国产化高精度喷印设备及配套算法，可应用于车载（异形、透明）、商显（透明橱窗）、穿戴等领域，拓宽柔性显示的应用场景，为进一步推动产品品牌建设注入科技内涵。

在新能源与智能网联汽车产业，充分发挥国家新能源与智能网联汽车产业示范基地平台优势，依托中国长江三峡集团有限公司等头部企业在产业技术创新领域的支撑作用，实施“流域性水风光多能互补一体化关键技术研究”项目，开展新能源预测预报预警技术及接入仿真研究，风光接入对电力系统、电站运行影响及仿真研究，多能互补一体化调度及控制技术研究。聚焦长江流域水资源高效利用，加快水风光一体化发展，提升清洁能源安全保障能力，为推动企业践行“碳达峰碳中和”社会责任、构建低碳零碳品牌提供技术创新支撑。

在生命健康产业，依托武汉大学、武汉生物技术研究院等重点高校院所和企事业单位，实施“基于遗传学大数据的重大疾病靶标发现与功能研

① 中文名称为有机发光二极管。

究”项目，旨在构建从分子、细胞到动物的全链条创新药物靶标发现与功能研究综合技术体系，并以炎性疾病、肿瘤和感染性疾病为研究对象，开展靶标发现与功能验证研究，增强湖北生物药物研发“创新策源”能力，提升湖北医药产业品牌的全国知名度。

在高端装备产业，聚焦突破三维加工工艺、路径与位姿协同控制、核心共性部件生产、装备集成与应用等技术，形成高稳定超快激光加工装备设计方法，实现三维多轴装备集成，助力全省制造业品牌企业智能制造水平的不断提升。

在北斗核心产业及关联产业，依托武汉大学、湖北珞珈实验室等重点高校和科研院所，建设更加泛在、融合、智能的综合定位、导航与授时（PNT）体系。针对无人系统复杂动态场景感知与理解、实时精准定位等瓶颈问题，以北斗三号为核心实现无人系统的协同导航与智能控制，提升湖北在 PNT 体系中的区域品牌影响力和核心竞争力。

（三）发挥融媒体优势，推动品牌高效传播

《中共湖北省委 湖北省人民政府关于新时代推动湖北高质量发展加快建成中部地区崛起重要战略支点的实施意见》明确指出，发展网络视听等产业，加快中国（湖北）网络视听产业园建设。湖北广电系统以县级融媒体中心建设为重点，积极推进全省媒体形式创新、手段创新、内容创新。

长江云省级平台创新以县级融媒体中心生产系统、新时代文明实践中心管理系统、大数据舆情监测系统为基础探索“三合一”融合服务模式，努力实现“全省一张网”下的新闻信息“一网打尽”、服务功能“一网通办”。既强化传统媒体成熟的管理机制，比如总编辑负责制、“三审三校”制等，将其应用到新媒体管理之中；又结合新媒体特点探索新机制，综合

运用经济、行政、法律、技术等多种手段，着力建立健全一整套全媒体推广体系。大力促进工业扩量、项目拉动、产业富民工作开展，切实发挥新闻宣传的主导作用，加强选题策划和议题设置，灵活运用报道形式，助力地方产品与企业扩大市场知名度，打造地方品牌，为地方经济社会发展奠定了良好的舆论基础。借助大型洽谈会、交流会和博览会等时机，不断创新宣传形式。

湖北省高度重视构建湖北省全媒体人才实训平台，全面升级县级融媒体网络学习平台，整合高校和社会资源，建立以“理论＋实操”“网络学习＋线下实训”为主的培训模式，将培训对象扩展至部分企业的品牌负责人、宣传人员和运营人员，聚焦短视频拍摄、新闻摄影、直播带货、新闻发言实战演练、全媒体创意产品策划及制作等，帮助企业把握传播规律，有效防范和及时处理舆情风险，助力企业品牌高质量传播。

第三章

“精品工程”引领品牌高质量发展

中共中央、国务院印发的《质量强国建设纲要》，明确提出实施中国精品培育行动，建立中国精品质量标准体系和标识认证制度，培育一批设计精良、生产精细、服务精心的高端品牌。国家发展改革委等部门出台《关于新时代推进品牌建设的指导意见》，围绕强化质量基础设施，提出推动标准升级迭代和国际标准转化应用，加快建立健全质量分级制度，推动实施中国精品培育行动；明确了以标准化推动“中国精品”培育的发展路径；实施农业品牌精品培育计划，打造一批品质过硬、特色突出、竞争力强的精品区域公用品牌；培育专业度高、覆盖面广、影响力大、放心安全的服务精品；培育一批重点行业和领域精品品牌，打造世界知名品牌企业和品牌产品。

近年来，湖北省高度重视在品牌强省建设过程中开展精品培育，2022年恩施土豆、宜昌蜜桔、随州香菇、恩施玉露、潜江龙虾、洪湖莲藕6个湖北农产品品牌入选农业农村部农业品牌精品培育计划名单；着力以质量提升促进品牌建设，聚焦制造业重点产业链推出100个全国知名的“湖北制造”品牌;《湖北省服务业发展“十四五”规划》强调全力构建“荆楚服务”品牌新形象，创建一批有良好口碑的高价值服务业品牌。2023年2月，湖北省出台《“湖北精品”认定管理办法》，提出将达到国内先进标准、质量稳定可靠、创新能力突出、社会信誉良好作为认定的基本原则，“湖北精品”认定工作被正式纳入政府质量工作考核内容，全面开展精品引领行动，助推产业提质增效。

“湖北精品”认定工作启动，其底气和支撑是湖北省在长期推动品牌建设过程中，特别是党的十八大以来，在创新品牌强省建设过程中积累的宝贵经验。湖北省以持续推动湖北品牌精品化的创新做法，为打造农业强省、制造强省、建造强省、服务强省奠定了坚实的基础。

一、聚焦“农业精品”，建设农业强省

湖北省把推进农业品牌建设作为转变农业发展方式、提高农业发展质量和效益、促进农民增收的有效举措，积极推动品种培优、品质提升、品牌打造和标准化生产。2023 年，全省新认证农产品品牌产品 560 个，有效期内农产品品牌总数达 3159 个，品牌总数位居全国前列。全省农产品质量安全总体合格率连续多年位居全国前列。潜江龙虾、宜昌蜜桔、蕲春蕲艾品牌评估价值分别达到 422.29 亿元、159.62 亿元、130.3 亿元，潜江龙虾等 13 个地理标志农产品已经入选首批中欧互认产品名录，并成功进入欧美市场。

《湖北省推进农业农村现代化“十四五”规划》将湖北农业强省目标细化为“六区”建设：全国特色农产品生产优势区、中部三产融合发展先行区、全国农业绿色发展示范区、全国农业科技创新引领区、全国农业农村改革先导区和乡村振兴促进共同富裕试验区。针对“品牌不亮”的发展问题，湖北省农业农村厅提出：要以品牌统领农业全产业链建设，围绕十大重点农业产业链，分层分类推进品牌整合，构建规范、清晰的农产品区域公用品牌体系，建立健全区域公用品牌使用规范和进出机制；制定一批产品质量标准，培育一批品牌企业，形成一批品牌产品，建立一套品牌培育、发展和保护体系。针对“融合不深”的发展问题，湖北省农业农村厅作出具体部署：因地制宜发展特色主导产业，带动形成“一县一业”“一

镇一业”“一村一品”，把资源优势转化为产业优势；到 2025 年，打造 50 个省级农村产业融合发展示范园、10 个国家级现代农业产业园和 100 个省级现代农业产业园，培育 300 个休闲农业重点园区和 10 个重点县。

湖北省围绕建设全国现代农业基地，聚焦十大农业产业链，争创国家级绿色食品原料标准化基地、有机农产品基地和绿色食品（有机农业）一、二、三产业融合发展园区。深入实施农业生产“三品一标”（品种培优、品质提升、品牌打造和标准化生产）提升行动。2019 年 1 月 25 日，湖北省农业农村厅印发《湖北省农产品品牌三年培育方案》，提出要按照“区域公用品牌 + 企业产品品牌”发展模式，重点培育潜江龙虾、蕲艾 2 个省级核心大品牌，打造荆楚粮油、恩施玉露、随州香菇等 20 个品质过硬、特色突出、竞争力强的区域公用品牌。在湖北全省农业系统共同努力下，潜江市（潜江龙虾）、宜昌市（宜昌蜜桔）、随州市（随州香菇）、赤壁市（赤壁青砖茶）等 15 地成功申报中国特色农产品优势区，恩施土豆、宜昌蜜桔、随州香菇、恩施玉露、潜江龙虾、洪湖莲藕入选农业农村部农业品牌精品培育计划名单。

（一）推动科技兴农，实现品牌动能转化

农业发展的第一推动力是农业科技创新。2018 年 4 月，《湖北省人民政府关于加快推进农业科技创新工作的意见》出台，致力于激活科研单位创新活力，着力培育农业企业创新主体。一方面，湖北省鼓励农业科研院校、农技推广部门、龙头企业、农民专业合作社等单位联合建设省级产业技术研究院、重点实验室、工程技术研究中心和试验示范基地；另一方面，湖北省号召各市（州、林区）政府、龙头企业依托本地科技人才和产业优势，积极争创国家农业高新技术产业开发区、国家和省级农业科技园

区、省级农业产业科技创新中心和产学研协同创新中心，形成了“政策—资源”两级互补的创新发展平台。

湖北省农业农村厅、湖北省农业科学院共同发起的非法人合作组织——湖北省农业科技创新联盟，由农业科技事业单位、涉农高校、涉农企业、新型农业经营主体共同参与，首批成员46个，主要聚焦四个方面的工作：承接“国家农业科技创新联盟”的任务，进入国家农业科技创新体系；加强全省农业核心关键技术攻关，突破制约现代农业发展的瓶颈；加强全省不同生态区重大科技工程技术研发，促进区域农业转型升级和可持续发展；组织开展农业科技、农业产业发展重大问题调研，编制重大战略咨询报告和提出政策建议。

湖北省农业科技创新在多个领域集中发力。一是加强种业创新，围绕渔业、畜牧业等产业以及水稻、小麦、油菜、茶叶等优势农产品，提高种业创新和保障能力。二是创新种植业生产模式。加强以稻田综合种养、水稻“一种两收”等为主的“粮食作物+”绿色高效生态模式创新；开展耕地质量监测保护，实施果菜茶有机肥替代化肥、中低产田改良、绿肥种植等地力培肥技术方案；推广以物理防治、生物防治为主的农作物绿色防控技术模式创新。三是推进养殖业转型升级，实行粮经饲统筹、种养加一体，加快发展草食畜牧业，集中力量解决完善健康养殖模式、疾病防控、推广养殖自动化等现代养殖的关键问题。未来，湖北省将重点围绕优势产业和特色产业、特色产业的全产业链、全产业链的关键环节进行科技攻关；推广“稻渔共作”、水稻“一种两收”等高效种养模式；大力实施主要农作物全程机械化推进行动；启动良种推广“555”工程，即推进建设50个新品种示范片，带动5000个新型经营主体，创办500万亩良种示范样板，进一步提高良种覆盖率。

湖北省组织开展高效菜园、精品果园、生态茶园、道地药园和畜禽标准化规模养殖场、水产健康养殖示范区建设，加快建设一批专业化、规模化、标准化的农业生产基地。按照统一供种、统一技术规程、统一测土配方施肥、统一病虫害防治、统一投入品使用和统一收获包装的“六统一”要求，全面推进全国绿色食品原料标准化基地、有机农产品生产基地和省级标准化基地建设，推动农产品生产从分散、单一种植模式向群聚标准模式转变。截至 2023 年，湖北省共建立国家级绿色食品原料标准化基地 20 个，全国有机农业农产品基地 7 个，国家级农产品地理标志示范样板 1 个，有机农业一、二、三产业融合发展园区 2 个，示范基地规模达 324.37 万亩，对接龙头企业 298 家，辐射农户 142.75 万户。

与此同时，湖北省着力推动农业科技“五个一”行动——开展 100 项重大农业科技项目研发，与全省 100 家以上农业龙头企业深度合作，进驻 1000 多个村进行科技培训和科技服务，深入 10000 户农家开展精准帮扶工作，培养 1000 名以上农业科技精英，以促进农业发展方式转变。2019 年 1 月 25 日，湖北省农业农村厅印发《湖北省农产品品牌三年培育方案》，提出实施农产品品牌培育“222”行动，即重点培育 2 个省级核心大品牌、20 个区域公用品牌和 200 个企业产品品牌，推动形成标准化生产、产业化经营、品牌化营销的现代农业发展格局。

（二）发展特色产业，打造品牌差异化竞争力

湖北省积极引导和支持地方政府发展特色产业，打造一批具有地域特色的农产品品牌。争取农业农村部 10 亿元资金支持，集中建设三峡蜜橘、潜江龙虾、鄂西南武陵山特色茶、鄂西北香菇、江汉平原“双低”油菜、江汉平原禽蛋 6 个国家级优势特色产业集群。

以潜江龙虾为代表的水产特色品牌建设逐步深入推进。湖北省成功举办“中国农民丰收节”系列活动之湖北“品虾论稻话丰收”专场活动、第二届中国（潜江）国际龙虾·虾稻产业博览会，带动了“荆州鱼糕”专场推介、监利黄鳝节、洪湖河蟹节、嘉鱼鱼文化节等系列活动开展。“洪湖诱惑”与京东生鲜成功“牵手”。湖北精品水产品在第十六届中国国际农产品交易会上表现夺目，荆州市“好味源”速冻小龙虾获金奖，“罗氏鱼糕”、“楚虾王”小龙虾、“荆江”黄鳝等19个品牌产品获水产展团金奖，湖北水产品牌影响力不断提升。

在湖北省打造“六区”、描绘“三农”的战略指引下，“一致魔芋”作为中国“魔芋行业第一股”，在北京证券交易所正式上市，依靠魔芋食品、魔芋美妆用品等魔芋制品，撬动规模超400亿元的大市场。随州香菇从大山中走来，经历40余年发展，“一朵香菇”托起了一个百亿元产业，红色麻辣味的随州香菇酱成功“牵手”上海东方航空食品有限公司。秭归脐橙走进央视《典籍里的中国》节目，携手东航机长，进入盒马鲜生、百果园、大北农等销售渠道并亮相中国国际服务贸易交易会，荣获“富民兴业标杆品牌”称号；发展出口备案农业企业25家，培育跨境电商企业17家，年均出口秭归脐橙鲜果2万多吨、脐橙深加工产品4.3万吨，产品远销俄罗斯、日本、东南亚、中亚、欧洲等140多个国家和地区，国际影响力逐步提升。

来自荆州的洪湖藕带，洪湖藕汤，小胡鸭鸭脖、鸭翅等系列产品借力“宅经济”加速兴起，切入预制菜这个千亿元规模市场，在新冠疫情期间成为宅家必备。潜江龙虾用其鲜、香、麻、辣的口感征服了五湖四海食客的味蕾。占地662亩的潜江生态龙虾城是中国小龙虾餐饮的“心脏”，128道龙虾菜品在此研制，3000多家潜江龙虾餐饮名店从这里扩散到全国各地，潜江虾稻综合产值已超过600亿元，产业从业人数超过20万人，潜江小龙虾产品出口到30多个国家和地区，实现从论“吨”卖到论“顿”卖的转变。

京山桥米、赤壁青砖茶等农业品牌纷纷组建企业集团，风头正劲；三峡蜜橘、潜江龙虾、鄂西南武陵山特色茶、鄂西北香菇、江汉平原“双低”油菜、江汉平原禽蛋6个特色产业集群的优势进一步凸显，2021年新增国家级龙头企业20家、省级龙头企业125家。英山云雾茶国家地理标志产品保护示范区建设以高分通过国家知识产权局专家评审验收，京山桥米、蕲春蕲艾入选新一批保护示范区筹建名单，赤壁青砖茶等7个地理标志入选国家知识产权局公布的第一批地理标志运用促进重点联系指导名录，武当道茶、房县香菇、宣恩火腿、竹山绿松石、枝滋有味等县域品牌知名度不断攀升，有力推动了湖北省县域经济提质增效。

葛店镇居2023年全国千强镇第86位，杜山镇等9个乡镇入选农业农村部、财政部联合公布的2022年全国农业产业强镇创建名单，潜江市老新镇、神农架林区木鱼镇等18个村镇入选第十一批全国“一村一品”示范村镇名单，湖北乡镇品牌的逐步崛起为乡村振兴高质量发展注入活力和希望。

（三）构建传播矩阵，提升品牌影响力

为突出“中国荆楚味、湖北农产品”的品牌影响力，湖北省加强同国家和省级电视台、网络平台、报纸等媒体的合作，开辟专栏，制作宣传片，持续加强品牌宣传，近3年来共统筹安排2.6亿元资金在中央电视台综合频道、新闻频道黄金时段集中宣传潜江龙虾、赤壁青砖茶、京山桥米等14个产业优势明显、成熟度较高、市场基础较好的区域公用品牌，扩

大品牌影响力，促进市场开发。新冠疫情发生后，政府积极配合省委宣传部，争取央视4亿元“品牌强国工程”广告资源，集中宣传随州香菇、襄阳高香茶等25个品牌，持续扩大湖北省农产品的影响力。

湖北省连续多年参加中国国际农产品交易会，连续多次举办中国武汉农业博览会和汉江流域（襄阳）农业博览会，以会为媒、以展促销。湖北省农业农村厅牵头湖北省优质农产品展销中心开展多项活动，围绕“10+16+N”的品牌体系，构建起以10个国家级、16个省级区域公共品牌和N个地标农产品为主的湖北优质农产品精华矩阵，实现展示展销、品牌塑造、休闲体验、电子商务等多种功能。

恩施土豆入选国家农业品牌精品培育计划，“小猪拱拱：实施差异化品牌战略 助推恩施土豆产业高质量发展”入选2022年全国农业品牌创新发展典型案例，恩施土豆品牌建设成功迈进“国家队”。得益于新品种、新模式驱动和标准护航，恩施州土豆种植面积达166万亩，其中，15.2万亩获得国家绿色食品认证，年产量超150万吨。为提升恩施土豆品牌价值，湖北省坚持“请进来、走出去”，先后承办南方（恩施）马铃薯大会及中国马铃薯大会暨世界硒都（恩施）马铃薯博览交易会，组织恩施州内市场主体多次参加中国国际薯业博览会、中国国际农产品交易会、中国国际现代农业博览会等，已经实现对日本、新加坡、韩国等国家的规模化出口；坚持线上、线下两个渠道营销，在“扶贫832”、京东、天猫、抖音等50多个网络平台上火力全开，进驻盒马鲜生、大润发、中百控股集团股份有限公司等30多家连锁零售企业。恩施土豆年综合效益超80亿元，辐射带动超120万人增收。恩施土豆市场售价涨至3.6元/斤，在高端商超最高售价达到16.8元/斤。

2023年，湖北省农业农村厅绿色食品管理办公室精心组织400多家农产品企业参加第二十二届中国绿色食品博览会暨第十五届中国国际有机食品博览会、第二十届中国国际农产品交易会、首届湖北食品产业链博览会和绿色食品宣传月等活动。宣传推介成果丰硕，企业共获得博览会金奖 39 项，省农业农村厅绿色食品办公室荣获最佳组织奖 3 项、优秀设计奖 1 项。以“江汉大米”这一湖北粮油品牌为代表，集中近 400 款湖北优质粮油产品亮相粤港澳市场，粤鄂两省粮食部门签订产销战略合作协议，44 家企业签约金额超过 11.8 亿元，销售粮油 16 万吨。通过展示展销带动贸易撮合，有效提升了湖北农产品品牌的知名度和影响力，也帮助湖北农产品激活了市场需求、畅通了市场渠道，形成了规模性的市场增量体系。

二、叫响“湖北制造”，打造制造强省

制造业是我国经济命脉所系，是立国之本、强国之基。《质量强国建设纲要》对优化消费品供给品类、推动工业品质量迈向中高端提出了明确的要求：推动消费品质量从生产端符合型向消费端适配型转变，促进增品种、提品质、创品牌，扩大优质新型消费品供给，推行高端品质认证，以创新供给引领消费需求；发挥工业设计对质量提升的牵引作用，大力发展优质制造，强化研发设计、生产制造、售后服务全过程质量控制，加强应用基础研究和前沿技术研发，强化复杂系统的功能、性能及可靠性一体化设计，提升重大技术装备制造能力和质量水平，建立首台（套）重大技术装备检测评定制度，加强检测评定能力建设，促进原创性技术和成套装备产业化。

《关于新时代推进品牌建设的指导意见》明确提出大力实施制造业

“增品种、提品质、创品牌”行动，形成有影响力的“中国制造”卓著品牌，培育一批先进制造业集群品牌。装备制造业加快提质升级，推动产品供给向“产品＋服务”转型，在轨道交通、电力、船舶及海洋工程、工程机械、医疗器械、特种设备等装备领域，培育一批科研开发与技术创新能力强、质量管理优秀的系统集成方案领军品牌和智能制造、服务型制造标杆品牌。鼓励消费品行业发展个性化定制、规模化定制，在汽车、纺织服装、消费类电子、家用电器、食品、化妆品等领域，培育一批高端品牌、“专精特新”企业。推动电子信息产业创新发展和原材料产业抓住关键技术攻关，培育一批竞争力强的品牌企业。加强工业产品质量安全监管，督促企业落实质量主体责任，提升质量管理数字化水平，提高产品技术质量、稳定性和可靠性。

湖北省认真贯彻中央政策精神，扎实推进制造强省建设系列战略部署，出台《湖北省制造业高质量发展“十四五”规划》，着力构建战略性新兴产业引领、先进制造业主导、现代服务业驱动的现代产业体系，打造“51020”现代产业集群，着力提升产业基础能力和产业链现代化水平，着力提高制造业质量效益和核心竞争力，推动“湖北制造”向“湖北智造”转变、“湖北规模”向“湖北效益”转变、“湖北产品”向“湖北品牌”转变，提出要建设全国重要的先进制造业基地，培育“湖北制造”品牌。围绕重点制造业、传统产业、中小制造企业、零售业态、品牌创意中心、产业集群区域品牌建设试点示范、弘扬“荆楚工匠”精神7个领域开展全面部署。一是在汽车、装备等重点制造业领域，扶持发展“湖北名优”名牌，打造应急装备制造品牌；二是在冶金、食品、纺织等传统产业领域深入推进名优特色产品创建活动，振兴“老字号”品牌；三是引导中小制造企业向龙头企业靠拢，同类产品向品牌产品集中，不断提升全省品牌价值水平；四是支持创新企业品牌推广商业模式，与大型电商平台对接，拓展线上销售，实现线上线下融合发展；五是培育或招引一批具有较强影响力的品牌创意中心或广告服务机构；六是做好产业集群区域品牌建设试点示范，支持在试点示范区域内开展博览会、时装周、设计大赛等重大品牌推介活动；七是弘扬“荆楚工匠”精神，树立“匠心湖北”形象，开展文化输出。

湖北省制造业品牌以高质量发展为统领，强化创新驱动和品牌引领，打造工业精品，叫响“湖北制造”，取得了初步成效。

（一）技改提能，传统产业品牌焕发新活力

湖北省制造业品牌建设积极对接“国家制造业转型升级基金”支持企业技术改造，出台《省级制造业高质量发展专项资金管理办法》《湖北省制造业产业链链长制实施方案（2021—2023 年）》，聚焦汽车、智能制造装备、集成电路、光通信、现代化工、节能环保、纺织、食品、新材料、生物医药、大数据、人工智能、软件和信息服务、工业互联网、船舶和海洋工程装备、航空航天共 16 条重点产业链。通过实施产业链链长制，带动链主企业、骨干企业、单项冠军企业做强做优做大，重点培育产业链上下游链主企业 50 ~ 80 家，突破“卡脖子”技术 20 项，实现货物贸易进出口额年均增长 10%，打造 5 个国家级先进制造业集群、20 个国家级新型工业化产业示范基地和 40 个省级新型工业化产业示范基地，推动湖北省形成以万亿元级产业为引领、以五千亿元级产业为骨干、以未来产业为先导的现代化制造业体系。湖北省充分发挥省级制造业高质量发展专项资金引导作用，每年选取 3 ~ 5 个重点产业链的核心缺失环节，实行“揭榜挂帅”立项，统筹现有专项资金予以支持，对上争取政策支持，安排省级重大项

目和省级专项资金优先向重点产业链倾斜。推进产业基础再造，促进重点产业集聚集约，湖北省级制造业高质量发展专项资金由7亿元增加到15亿元，2021年重点支持500多个项目技改升级，湖北省制造业发展质量得到大幅提升。

实施制造业产业链链长制以来，为重点产业链企业解决实际发展难题近200个，围绕产业链基础能力提升和关键核心技术攻关，建立“揭榜挂帅”攻关重点项目库，已实施攻关项目29个。重点产业链技改项目也获得更大力度的支持，在省级制造业高质量发展专项资金支持的项目中，16条产业链项目数量及支持资金占比均超过85%。武汉生物制品研究所工作专班协调争取10个省份25家关键设备及物料企业加强供应保障，全力支持疫苗生产与扩能项目建设，推动上下游产业链国产化替代；武汉化工工业园区实施重大技改项目42个，投资80亿元，综合实力跻身中国化工园区20强；聚焦工业“五基”①等领域开展协同攻关，全球首款128层闪存芯片在武汉研发成功，800G超高速硅光芯片单通道速率实现世界领先，遥感、地理信息、导航定位技术水平全国一流。

（二）融合赋能，数字经济抢跑品牌新赛道

根据《湖北省制造业高质量发展“十四五”规划》，湖北省聚焦打造“51020”现代产业集群和制造业“一地三区”。从品牌价值链角度切入重点产业链研究，为汽车、智能制造装备、集成电路、光通信、现代化工、节能环保、纺织、食品、新材料、生物医药、大数据、人工智能、软件和信息服务、工业互联网、船舶和海洋工程装备、航空航天共16条重点产

① “五基”指基础零部件与元器件、基础材料、基础软件、先进基础工艺、产业技术基础。

业链编制“产业链重点企业基本信息表”，绘制产业链技术结构图、应用领域图、发展路线图、产业布局图和招商目标图等产业链图谱，构建起产业链品牌发展的价值构型。

以京津冀城市群、长三角城市群、粤港澳大湾区为重点，利用中国国际进口博览会、中国国际中小企业博览会、“5G +”工业互联网大会等产业平台，紧盯头部企业、重大项目，实施以“强龙头、补链条、优配套、抢前沿”为目标的精准招商，进一步优化产业生态。依托“揭榜挂帅”“科技副总”等活动载体，以信息光电子、数字化设计与制造两个国家级创新平台和省级制造业创新中心为牵引，聚焦关键核心技术突破，提升技术创新和成果转化能力，推动产业链创新链深度融合。2021 年以来，16 条产业链“链长”牵头实施攻关项目 29 个，“链”出了湖北制造业的“钢筋脊柱”。

随着国家电投华中氢能产业基地、中创新航科技集团股份有限公司（原名中航锂电）、华为（武汉）智能网联汽车产业创新中心等下一代汽车产业链上的龙头企业相继落户，武汉经济技术开发区围绕下一代汽车产业链部署创新链，正在形成整车厂、核心零部件企业、上下游创新企业、检验检测以及丰富的商业应用场景等融合发展的创新生态，新能源整车和动力电池巨头纷纷落户湖北省，一批投资过百亿元的重大项目开工建设，目前新能源汽车年产量超 60 万辆。传统汽车产业向下一代汽车转型升级的步伐正在加快。

2017—2023 年，湖北数字经济规模由约 1.2 万亿元增至约 2.6 万亿元，占湖北地区生产总值的比重由约 34% 升至约 47%，数字经济已成为湖北省经济高质量发展的重要引擎。工业互联网加快建设，随着国家工业互联网顶级节点落户武汉，全国首个“星火・链网”超级节点在武汉建成上线。

截至2023年底，全省建成5G基站9.3万个（其中5G宏基站5.46万个），每万人拥有5G基站26.7个，进入全国排名前十，在中部地区6个省份中居第一位。数字产业化呈现加速集聚之势，60余家数字经济头部企业在湖北设立总部或第二总部，其中百亿元级企业9家。

（三）生态蓄能，绿色制造擦亮品牌新底色

湖北省坚定不移践行中央关于长江“共抓大保护、不搞大开发”的要求，制造业绿色低碳转型步伐加快。湖北积极落实《工业和信息化部办公厅关于开展绿色制造体系建设的通知》的要求，统筹推进全省工业绿色制造体系建设，出台了《湖北省工业绿色制造体系建设实施方案》，提出用好现有财政税收政策，支持绿色制造体系建设，将绿色制造体系建设项目纳入现有财政资金支持重点范围；拓展完善绿色产品政府采购、绿色信贷和财政支持政策，加大政策支持力度；鼓励金融机构为绿色制造示范企业、园区提供便捷、优惠的担保服务和信贷支持。

工业和信息化部从2016年起开展绿色制造体系建设工作，已经开展了8批次建设工作，总计遴选出5107家绿色工厂、371个绿色园区、608家绿色供应链管理示范企业。湖北省在8批次建设工作中共创建绿色工厂199家、绿色园区8个、绿色供应链管理示范企业10家（见表3-1）。从建设类别来看，湖北省连续8年有企业入选绿色工厂，入选绿色工厂的企业数量总体呈增长态势，但相对而言，绿色供应链管理示范企业和绿色园区数量相对较少，发展空间较大。

绿色工厂是制造业的基本生产单元，是绿色制造的实施主体。全国8批次共创建5107家绿色工厂，其中江苏、山东、广东、浙江等8个省份绿色工厂总量居前。湖北省出台《湖北省工业绿色制造体系建设实施

方案》，湖北8批次共创建199家绿色工厂，约占全国绿色工厂总数的3.9%，处于全国中等水平。从地域分布来看，湖北省绿色工厂分布区域广泛，主要分布在武汉、襄阳、咸宁、宜昌等地，其中武汉、襄阳、咸宁三地绿色工厂数量较多。从行业分布来看，绿色工厂主要集中在汽车、化工以及食品行业，这与湖北省产业布局密切相关。

表3-1 湖北省绿色制造体系发展情况

类别	第一批	第二批	第三批	第四批	第五批	第六批	第七批	第八批	合计
绿色工厂（家）	2	5	11	8	27	29	40	77	199
绿色园区（个）	0	0	0	0	2	1	3	2	8
绿色供应链管理示范企业（家）	0	0	3	1	2	2	1	1	10

资料来源：本书编写组整理。

绿色园区是突出绿色理念和要求的生产企业和基础设施集聚的平台。全国8批次共创建371个绿色园区，其中江苏省领跑全国。截至2023年底，湖北省分8批次共创建8个绿色园区，占全国绿色园区总数的2.16%，处于下游水平。从创建时间来看，直到2020年湖北省才填补了绿色园区的空白，成功在宜昌创建了2个绿色园区。

绿色供应链管理示范企业是绿色制造理论与供应链管理技术结合的产物。全国8批次共创建608家绿色供应链管理示范企业，其中浙江省领跑全国。截至2023年，湖北省分8批次共创建10家绿色供应链管理示范企业，约占全国绿色供应链管理示范企业总数的1.64%，处于全国中等水平。从创建时间来看，2018年湖北省创建了3家绿色供应链管理示范企业，其他年份创建数量均维持在1～2家，绿色供应链管理示范企业的数量增加，有助于高水平推动绿色工厂和绿色园区的建设。

绿色设计产品是以绿色制造实现供给侧结构性改革的最终体现。截至2022年，全国分7批次共开发3802种绿色产品，其中广东省领跑全国。2022年，湖北省共开发19种绿色设计产品。从区域分布来看，主要分布于武汉、襄阳、黄冈等市。从行业分布来看，绿色设计产品主要集中在化工、汽车电池以及纺织产品等领域。

三、擦亮“湖北建造”品牌，成就建造强省

建筑业是湖北省的支柱产业和优势产业，“十三五”期间，其总产值实现7.35万亿元，年均增长率达到10.4%，较“十二五”时期增长81.6%；产业规模在2016—2019年保持全国第三，2020年位居全国第四。武汉市建筑业总产值步入万亿元行列，襄阳市、宜昌市建筑业总产值步入千亿元行列。2020年，湖北省建筑业增加值突破3073亿元，占全省地区生产总值的比重为6.7%。施工企业数量达到40284家，勘察设计企业数量达到1792家。全省勘察设计企业营业收入中，勘察设计活动年营业收入突破411亿元，其中工程勘察活动营业收入突破112亿元，年均增长率达到8.9%，持续保持全国第一，工程设计活动营业收入突破299亿元，年均增长率达到18.1%。建筑业从业人员常年保持在250万人左右，约占全省社会就业人员总数的6.6%。

新冠疫情期间，湖北省建筑行业积极投身战“疫”、战“洪”、战“贫”三场硬仗，为夺取最终胜利作出了重大贡献。创造了10天建成火神山医院、12天建成雷神山医院的“中国速度”。全省改建临时传染病医院和方舱医院273个、隔离点2338个，提供床位近10万张，为打赢“湖北

保卫战”“武汉保卫战”作出了积极贡献。仅历时 2 个月就编制并公布了《方舱医院设计和改建的有关技术要求》中英文双语版，供世界各国参考，体现了中国担当。面对百年一遇的汛情，湖北省建筑行业组建应急救援队，建立砂石料储备站，监测在建基坑和临江临湖基坑，出动各类抽排设备、工程机械近万台次，树立了“建筑鄂军”能征善战的良好形象。湖北省建筑企业积极参与脱贫攻坚，大批建筑企业弘扬捐资助学、扶贫济困的企业文化，主动与贫困地区签订产业合作协议、结成帮扶对子，开展对口帮扶，充分发挥建筑行业吸纳劳动力优势，解决贫困人口就业问题，形成“一人就业、全家脱贫”的产业带动效应。在战“疫”、战“洪”、战“贫”的主战场上，用实际行动擦亮了“湖北建造”品牌。

《湖北省国民经济和社会发展第十四个五年规划和二〇三五年远景目标纲要》中明确提出做强做大建筑业，以数字化、智能化建造技术为支撑，以新型建筑工业化为路径，促进建筑业与制造业深度融合，巩固建筑业支柱地位，打造“湖北建造”品牌。提升建筑业国际影响力，鼓励建筑企业积极参与共建“一带一路”，充分发挥在鄂建筑业央企优势，发展对外承包工程投建营一体化模式，促进湖北省装备、技术、品牌、服务、标准“走出去”。《省人民政府办公厅关于新时代推进品牌建设的实施意见》中进一步明确提升优化“湖北建造”品牌，强调发挥中建三局、中铁大桥局等龙头企业引领示范作用，做强做优“湖北工建”“湖北路桥”“中南设计”“湖北（建筑）设计”等品牌。鼓励企业加大先进建造技术研发投入，推行工程建设项目全周期数据共享和信息化管理，提升“智能建造”水平，建立现代工程建设质量管理体系，打造精品建设工程，力争每年创建国家优质工程 5 ~ 10 项。

统计数据显示，湖北省建筑企业共获得国家优质工程金奖、国家优质工程奖[①]、中国建设工程鲁班奖（国家优质工程）[②]、中国土木工程詹天佑奖[③]共272项。

截至2023年底，湖北省共有9个项目获得国家优质工程奖金奖，130个项目获得国家优质工程奖，110个项目获中国建设工程鲁班奖（国家优质工程），23个项目获中国土木工程詹天佑奖。

《湖北建筑业发展“十四五”规划》围绕坚持高质量发展的原则，提出要统筹发展与安全，坚持质量第一、安全为本，加快传统建筑业向新型建筑工业化和智能建造转型迈进，打造“湖北建造”品牌；充分发挥在鄂央企综合实力强、品牌影响深、融资能力突出的优势，探索实行在鄂央企、大型国企与县市龙头骨干企业的协作机制，携手开拓省外、境外市场。为进一步叫响擦亮“湖北制造”名牌，湖北省建筑业企业聚焦科技创新、资源共享、协同合作，取得了积极的成效。

（一）围绕科技创新“促”品牌

近年来，在湖北省住房和城乡建设厅的指导下，在湖北省建设科技与建筑节能办公室的积极推动下，湖北省在全国率先组建成立了绿色建造、智能建造、品质建造科技创新联合体（以下简称联合体）。联合体由武汉市汉阳市政建设集团有限公司、中建三局集团有限公司、武汉建工集团股份有限公司分别牵头，武汉市城乡建设局、襄阳市住房和城乡建设局、宜

---

① 国家优质工程奖设立于1981年，是经国务院确认的我国工程建设领域设立最早，规格最高，跨行业、跨专业的国家级质量奖，对获奖项目中特别优秀的授予国家优质工程奖金奖荣誉。

② 中国建设工程鲁班奖（国家优质工程）是由中华人民共和国住房和城乡建设部指导、中国建筑业协会实施评选的奖项，是中国建筑行业工程质量方面的最高荣誉奖。

③ 中国土木工程詹天佑奖是由中国土木工程学会和北京詹天佑土木工程科学技术发展基金会联合设立，是中华人民共和国住房和城乡建设部认定的全国建设系统工程奖励项目、中华人民共和国科技部首批核准的科技奖励项目，也是中国土木工程领域工程建设项目科技创新的最高荣誉奖。

昌市住房和城乡建设局、武汉大学、华中科技大学、中南建筑设计院等共计 50 家成员单位参与。联合体自成立以来，坚定实施创新驱动发展战略，牢固树立绿色发展理念，在全国率先制定并印发了《绿色建造智能建造品质建造科技创新联合体工作实施方案》，明确提出联合体由创新能力突出的优势施工单位牵头，行业主管部门紧密参与，将高等院校和省内优秀建设、设计、施工单位及产业链上下游相关企业有效组织起来，构建密切协作、协同攻关、共创共享的科技创新格局。

从赴京观摩中建三局智能安保产业基地项目，到参加国际绿色建筑与建筑节能大会、中国建筑科学大会，以及众多技术交流、座谈讲座，联合体将“走出去”与“引进来”相结合，不断增强成员单位对科技创新的认识：移动式隔音降噪棚，可将混凝土搅拌车现场噪声降低 20 分贝；基坑上方的防尘天幕，可以随时喷淋除尘；装配式道路，在项目完工后可拖走重复使用，一台台“住宅造楼机”拔节向上、你追我赶；国内首个建筑工程产品全生命周期管理（PLM）平台成功应用，设计、施工打破了建筑业千百年来的传统，没有使用一张纸质图纸。在湖北省住房和城乡建设厅的组织协调下，华中科技大学、中信建筑设计研究总院、武汉市万科房地产有限公司、美好置业集团股份有限公司等联合体成员单位，联合中国人民银行武汉分行、中国建设银行湖北省分行等单位，成立了绿色金融支持绿色建筑与绿色建材发展政策研究课题组，整合资源、加强合作，一批具体措施陆续出台，将实质性推动绿色金融支持绿色建筑产业发展。

（二）围绕资源共享“打”品牌

2013 年，湖北省成立了全国首家省级建筑产业战略联盟（以下简称联盟）。联盟由 67 家大型龙头勘察设计企业、建筑材料供应商、建筑施工企业、金融服务单位、知名科研院校等自愿发起组建。自联盟成立以来，成员单位合作意愿不断加强，协作效益不断彰显，品牌影响不断扩大，综合实力明显提升，一批优秀的湖北省建筑业企业进入全国民企 500 强和中国建筑业竞争力百强行列；中国建设工程鲁班奖（国家优质工程）、中国土木工程詹天佑奖、国际桥梁界“诺贝尔奖”——乔治·理查德森大奖等荣誉花落湖北，为“湖北建造”增光添彩。

联盟实施战略采购策略，促进建筑产业链上下游有机运行，搭建起“互动、协同、创新”的合作平台。湖北省建筑业协会钢结构分会与多家企业建立了战略合作伙伴关系，已与 12 家企业签订了框架合作协议，计划扩展合作达到万吨级规模。中国葛洲坝集团有限公司形成了对外立体合作运行网：与勘测设计院深化合作关系，共同开拓国际建筑市场；与钢铁企业在国外合作从事矿产资源开发；优先选择与联盟单位开展房地产投资方面的合作；密切与多个建筑设计院开展合作；与联盟企业开展施工方面的合作；与武汉多家装饰企业开展合作。

在此基础上，湖北省建筑行业打破壁垒，住建、交通、水利、通信等领域的建设市场互相开放，实现企业资质互认、业绩互认。

第一，大力支持龙头企业发展，满足条件的湖北省特级资质企业可跨专业承揽建设工程施工总承包项目。具有房屋建筑或市政公用施工总承包特级资质的企业，依企业申请直接核准公路工程和水利水电工程施工总承包二级资质；具有公路工程或水利水电工程施工总承包特级资质的企业，依企业申请直接核准建筑、市政公用工程施工总承包一级资质。

第二，积极推动企业业绩互认，打破施工技术、管理模式相似的建筑业企业资质限制。企业完成的公路工程、市政公用工程施工总承包业绩互认，公路工程或市政公用工程施工总承包资质企业完成本专业相应等级标准的业绩，且符合相应条件的，依企业申请核准相应等级的公路工程或市政公用工程施工总承包资质。

第三，统筹开展企业资质互认。湖北省住房和城乡建设厅重点培育企业，年建筑业产值超过50亿元，合法完成了房屋建筑、市政总承包工程，符合相应条件的，依企业申请直接核准二级的公路、水利水电工程施工总承包资质。省交通运输厅、水利厅重点培育企业，年建筑业产值超过20亿元，合法完成了相应公路、水利水电总承包工程，符合相应条件的，依企业申请直接核准相同等级的房屋建筑、市政资质。省通信管理局重点培育企业，完成了相应等级通信工程施工总承包业绩，符合相应条件的，直接核准电子与智能化相应等级资质。

湖北省科创企业“智慧大脑”数据平台（以下简称“智慧大脑”）聚焦湖北重点优势产业与优质科技资源，实现“一体两翼三融通”，即围绕“科创企业”创新主体，打造“创新驱动”与“数字赋能”两翼，促进“创新链、产业链、资金链”三链融通发展。“智慧大脑”通过归集分类与智能梳理平台、企业、人才、项目、成果等创新资源，绘制基于空间位置的湖北省特色线上区域创新地图，集聚科创企业梯度培育、科技管理与绩效评价、产业链创新链融合、科技金融精准服务、区域创新体系建设五大功能。“智慧大脑”依托企业创新积分，与省内各大银行互联融通，为银行、创投等金融机构提供广阔的资源配置市场，引导开发多样化、差异化的科技金融产品，实行分类和精准的金融服务。围绕数字化设计、数字化建造、数字化运营三大方向，湖北工业建筑集团有限公司（以下简称湖北工建）、湖北路桥集团有限公司以重点项目为试点，推动产业数字化、网络化、智能化升级，建成数字建造平台体系和“专家科创工作站”，推动传统基础设施智能化改造和智慧城市建设，积极融入省级综合大数据中心、行业数据中心、区域数据中心集群和智能计算机中心建设。

（三）围绕深度合作“强”品牌

湖北省建筑业作为传统优势行业，具有投资规模大、专业性强、建设周期长的特点，在鄂央企作为施工企业的竞争优势显著，但仅靠施工企业单枪匹马、单打独斗显然无法满足目前高质量建设工程的需求。湖北省建筑业坚持搭建合作发展平台，加强国企和民营企业之间的沟通合作，鼓励国企与民营企业抱团取暖，放大各自优势，抵御市场风险，紧抓国家新型城镇化、长江经济带、“两新一重”等一系列重大战略机遇，在公共卫生体系建设、大型公共设施平战两用改造试点建设、新型基础设施建设、新型城镇化建设、老旧小区改造、城市交通改造、城市防洪排涝综合管网建设、城市体育设施建设等方面展开全方位合作，着眼提升“湖北建造”整体竞争力。

创新推动建立央企与民营企业长效合作机制，加强上下游产业链协作，带动地方企业和建筑业下游产业企业更加广泛地参与国家“两新一重”项目和共建“一带一路”基础设施建设中去，通过集中资信、资金、资质、技术、管理等方面的优势，取长补短，加快传统建筑业向新型建筑工业化和智能建造转型，打造“湖北建造”品牌。湖北工建、中建三局安装工程有限公司、山河建设集团有限公司、新七建设集团有限公司、新八建设集团有限公司等29家国企和民营建筑企业签署合作发展意向书，推动湖北省建筑业高质量发展，合作各方可共同承接、实施项目。在市场拓展、客户经营方面，合作各方充分发挥自身优势和实力，共同承接项目，并按照贡献大小分配项目。针对大规模、大体量、高新特尖的项目以及国家和地区重大战略性项目，合作各方根据自身优势和实力，约定责权利，并按照能力大小共同实施项目。2022 年，湖北民族建设集团有限公司（以下简称民族建设集团）与湖北光谷东国有资本投资运营集团有限公司共同成立中聂（湖北）建筑有限公司，依托民族建设集团的强大市场优势和丰富管理经验，打造“黄石标杆、湖北一流”的百亿元级全产业链的现代化施工企业，建立了民营企业和地方国企合作的示范模式。

四、构建“荆楚服务”，打造服务强省

服务业是推动区域品牌发展的关键领域，服务业品牌建设水平关系到区域品牌发展大局。中共中央、国务院印发的《质量强国建设纲要》从提升产业质量竞争力和推动服务业品牌建设角度提出了具体要求。提升产业质量竞争水平，推动产业质量升级，加强产业链全面质量管理，着力提升关键环节、关键领域质量管控水平。开展对标达标提升行动，以先进标准助推传统产业提质增效和新兴产业高起点发展。推进农业品种培优、品质提升、品牌打造和标准化生产，全面提升农业生产质量效益。加快传统制造业技术迭代和质量升级，强化战略性新兴产业技术、质量、管理协同创新，培育壮大质量竞争型产业，推动制造业高端化、智能化、绿色化发展，大力发展服务型制造。加快培育服务业新业态新模式，以质量创新促进服务场景再造、业务再造、管理再造，推动生产性服务业向专业化和价值链高端延伸，推动生活性服务业向高品质和多样化升级。完善服务业质量标准，加强服务业质量监测，优化服务业市场环境。加快大数据、网络、人工智能等新技术的深度应用，促进现代服务业与先进制造业、现代农业融合发展。

《湖北省国民经济和社会发展第十四个五年规划和二〇三五年远景目标纲要》围绕加快发展现代服务业，推进服务标准化、品牌化建设，持续推进“五个一百”工程，从促进服务业发展要素和载体集聚联动发展的角度给出发展思路。

《湖北省服务业发展“十四五”规划》明确提出“培育湖北服务品牌”的要求，实施品牌化带动战略，支持开展“湖北服务”品牌培育、塑造和评选工作，持续培育壮大湖北省服务业重点品牌，创建一批有良好口碑的高价值服务业湖北品牌；引导服务业企业增强品牌意识，健全品牌管理体系，将品牌管理融入企业生产经营全过程，持续提高企业品牌管理运营能力，提升品牌认可度和品牌价值，鼓励品牌培育和运营专业服务机构发展；加大品牌、商标保护执法力度，完善维权与争端解决机制，依法打击侵权行为；同时规划了18项与打造服务业品牌相关的重点工作（见表3–2）。

表3–2 《湖北省服务业发展“十四五”规划》中与打造服务业品牌相关的重点工作规划

序号	内容
1	全力构建“荆楚服务”品牌新形象
2	形成以武汉“世界设计之都”“中国软件特色名城”为标志的具有全球影响力的生产性服务业产业集群，打造武汉综合性国际消费中心城市和襄阳、宜昌区域性消费中心城市
3	充分整合襄阳及十堰生态休闲养生、随州中医药健康养生等品牌资源，大力发展中医药健康、养老服务业
4	塑造提升宜昌“三峡”生态康养、恩施休闲康养度假、荆门长寿健康养生等品牌，合力建设国家康养产业试验区；支持宜昌打造“三峡不夜城”，成为鄂西消费中心城市和国际文化旅游目的地

续表

序号	内容
5	提升“中国光谷”国际光电子博览会、华人华侨创业发展洽谈会、世界硒都（恩施）硒产品博览交易会、世界大健康博览会、中西部（十堰）汽车汽配商品交易会、中国食品博览会等品牌展会的办展规模，扩大影响力，努力建设全国重要的会展中心。用好互联网“云展”平台，创新会展服务模式，积极承办国际高端会议和论坛活动
6	推进广告产业数字化、规模化、品牌化发展，培育集创意策划、营销策划、媒介代理、信息咨询、品牌塑造为一体，功能齐全、链条完整的综合服务型广告产业集群
7	推动武汉创建具有全国影响力的科技创新中心和武汉东湖综合性国家科学中心，支持襄阳、宜昌打造区域性创新中心。高质量建设国家现代农业产业科技创新中心，支持武汉建设“中国种都”。加快湖北技术交易大市场建设，推动科技成果从“实验室”加速走向“生产线”
8	支持武汉、襄阳、宜昌等中心城市做强“首店经济”“首发经济”，推动建设一批国家级、省级特色步行街。积极发展“智慧街区”“智慧商圈”，深入推进小城镇商业综合体建设。挖掘汉正街商业文化底蕴，打造汉正街创意设计中心和品牌展览展示中心。培育壮大楚菜产业，加强老字号传承创新发展
9	积极培育云旅游、云演艺、云娱乐、云直播、云展览、云购物等文化和旅游消费新模式，推动旅游演艺、文化遗产旅游、研学旅游、主题公园、主题酒店、特色民宿等业态提质升级，加大数字化、沉浸式、互动性文化和旅游项目设计开发。举办“中国（武汉）文化旅游博览会”，推广“灵秀湖北”文旅形象，推进“一江两山”旅游联动发展，继续举办好中国长江三峡国际旅游节，打造长江文化之旅、世界文化遗产之旅、三国文化之旅、中医药健康之旅、清江民俗文化之旅、楚文化之旅、神农文化之旅、红色文化之旅等八大特色文化旅游名牌，建设世界知名、全国一流的文化旅游目的地和长江国际黄金旅游带核心区。推进武汉、宜昌等国家文化和旅游消费示范或试点城市建设，打造一批文化和旅游综合体、文化和旅游融合品牌、文化和旅游消费集聚区，创建国家级旅游休闲城市和街区，建设一批世界级、国家级文化旅游景区和度假区，大力发展红色旅游和乡村旅游
10	依托武汉光谷生物城产业优势和葛店“中国药谷”品牌优势，重点发展精准诊疗、疾病早期发现以及易感人群的健康筛查、评估和疾病预防等
11	培育一批具有区域引领和示范效应的家政龙头企业，形成家政服务业知名品牌

续表

序号	内容
12	优化线上经济发展生态，大力发展新零售、在线消费、无接触配送、远程医疗、在线教育、一站式出行、在线办公、智慧广电等新业态，培育一批线上经济特色产业集群，形成一批线上经济知名品牌
13	鼓励大型服务企业（平台）利用信息技术、自有品牌、营销渠道、创意设计等优势，以产需互动为导向，向制造环节拓展业务范围，打造柔性化制造、智慧工厂等智能化生产体系，实现产品全生命周期管理、网络精准营销和在线支持新型云制造服务，实现服务产品化
14	健全绿色智能农产品供应链，鼓励引导电商企业与合作社、种植养殖大户等建立直采直供关系，推动特色和品牌农产品产地建仓、区域上行、全网销售，培育农商直供、直播直销、会员制、个人定制等模式，推进农商互联、产销衔接，着力打造地域特色的农产品知名电商品牌。做大做强中国（武汉）食品博览会、汉江流域农业博览会、湖北随州国际香菇产业博览会、湖北农业博览会等，加大“荆楚优品”等湖北名优农产品品牌宣传与推介力度
15	做好全国乡村旅游重点村创建和提档升级工作，推动全省乡村旅游品牌化、规模化、聚集化发展。加大精品民宿建设力度，全面推动体验式、康养型乡村休闲度假旅游发展。发掘民俗风情、历史传说和民间戏剧等文化价值，赋予乡土特色产品文化标识，建设民俗民族风情乡村休闲旅游区
16	推动品牌消费、品质消费进乡村，有效启动农村市场
17	鼓励企业通过参股、控股、联合等方式整合资源，向规模化、连锁化、品牌化发展
18	围绕关键短板和战略需求，支持服务企业以跨国并购、绿地投资、联合投资等方式，高效配置全球人才、技术、品牌等核心资源。进一步加强“楚贸通”平台建设，加大数字贸易和跨境营销板块建设力度

资料来源：本书编写组整理。

2022年，《省人民政府办公厅关于新时代推进品牌建设的实施意见》颁布，对服务业品牌建设给予了重点描述。围绕建设全国现代服务业基地，深入实施服务业“五个一百工程”，并培育一批年营业收入过100亿元的知名服务企业，培育100个全国知名的服务业品牌。打造湖北工业设计平台，提升“楚天杯”工业设计大赛影响力，擦亮“世界设计之都”名片。办好中国（武汉）文化旅游博览会，建设知名文化旅游目的地和长江国际黄金旅游带，打造“一江两山”“两坝一峡”旅游品牌。建设全国重要的区域金融中心，叫响湖北东湖科创金融、双碳绿色金融、中部资本市场品牌。围绕打造全国数字经济发展高地，面向产业数字化需求，聚焦人工智能、5G、工业互联网、智慧城市、智慧农业等领域，培育“楚天云”等优质数字化品牌。该意见进一步明确当前以工业设计、旅游品牌、资本市场品牌、数字化品牌为服务业品牌建设的四大重点领域。

（一）以高端工业设计提升服务品牌形象

工业设计作为创新链的起点、价值链的源头，来源于制造也服务于制造，决定着制造的品质、价值，以及企业的市场竞争力。工业设计处于产业链的关键环节，大力发展工业设计对于提升产业基础能力、推进消费升级和深化供给侧结构性改革具有重要作用。湖北省在打造“湖北制造”品牌过程中，主动改变以往规模扩张型、粗放型的增长方式，注重为传统企业注入新思维，采用产业升级、智能制造、集约发展的新模式，增加技术创新和工业设计投入，重点培育了一批工业设计行业领军企业，打造了一批支持工业设计的服务平台，促进了从“湖北制造”向“湖北创造”和“湖北智造”转变。尤其是中国国际工业设计博览会（此前为中国工业设计展览会）连续5届在湖北省武汉市举办，为将武汉市打造成全国工业设计发展高地，营造了全社会重视工业设计、发展工业设计的良好氛围。

一是强化政策引导。湖北省相继出台了《湖北省发展服务型制造专项行动实施方案（2016—2020）》《湖北省省级工业设计中心认定管理办法》《湖北省工业设计研究院创建工作指南》等政策文件，2020年开始谋划新一轮湖北省服务型制造发展，将发展工业设计作为主攻方向和重要举措，进一步汇聚各类政策资源，引导全社会发展服务型制造和开展工业设计活动。

二是构建协同创新体系。引导和鼓励有条件的地方和企业先行先试，推动技术创新、模式创新和管理创新，促进设计与制造加速融合创新。顺应网络协同设计趋势，加大对关键设计软件的支持力度，鼓励企业开展关键核心技术攻关，开发先进适用的设计软件。鼓励设计模式创新，推动设计服务领域延伸和服务模式升级，支持工业设计加强商业合作。引导企业内部流程再造，优化组织架构，提高工业设计在企业决策中的地位。利用高校、设计院所等资源，积极推动设计人才交流和联合培养，充分释放设计智力和要素活力。

三是加强试点示范引领。积极引导创新要素向制造业企业集聚，充分发挥试点示范引领作用，通过“以点带面”持续开展试点示范认定，支持国家级、省级工业设计中心做大做强。2021 年，湖北省武汉重型机床集团有限公司工业设计中心、宜昌长机科技有限责任公司高端齿轮加工装备工业设计中心等 6 家企业工业设计中心入选第四批国家级工业设计中心，认定了 23 个省级工业设计中心，部分市（州、林区）开展了市级工业设计中心认定。湖北省初步形成了国家、省、市级工业设计中心梯度培育、竞相发展的良好氛围。

四是加快服务平台建设。围绕光电子信息、汽车、智能装备等重点行业，广泛整合设计资源，构建面向制造业集群、园区的设计协同平台。定期组织多层次培训，组织开展工业设计供需对接活动，促进工业设计产业交流合作，加速工业设计成果转化。持续提升中国国际工业设计博览会、“楚天杯”工业设计大赛等活动影响力，展示工业设计创新成果，营造良好发展氛围。

（二）以文旅品牌丰富服务品牌内涵

文旅行业是综合性行业，带动性强，拉动效应明显，具有“一业兴百业旺”的明显优势。近年来，湖北省文旅行业品牌建设坚持文旅融合，以中华文化赋能湖北文旅高质量发展；坚持惠民利民，让广大群众共享湖北省文旅发展成果；坚定信心守住初心，为湖北省文旅业恢复振兴贡献力量；坚持文明诚信，推动形成适应新时代的旅游新风尚。湖北省目前有世界自然遗产1处，武汉市黄陂区，宜昌市夷陵区、远安县，恩施州恩施市、利川市，神农架林区，黄冈市英山县，咸宁市通山县8个县（市、区、林区）被认定为国家全域旅游示范区。湖北省有5A级景区14家、4A级景区196家、国家工业旅游示范基地2家、国家级旅游度假区3个、国家级旅游休闲街区5个；重要农业文化遗产5处、乡村旅游重点村52个；世界文化遗产3处，国家级文化生态保护（实验）区1个，国家历史文化名城5座、国家历史文化名镇13个、国家历史文化名村15个、中国历史文化街区1个[①]。

湖北省委、省政府锚定“世界知名旅游目的地”，叫响“万亿元产业”，为把湖北建设成为旅游强省，相继出台系列政策、推出系列措施撬动文旅市场，为市场主体纾困，形成了强大的市场吸引力，凝聚了推动文化和旅游产业高质量发展的各方优势。《湖北省旅游业发展“十四五”规划》明确提出打造世界知名旅游目的地、打造全省经济增长新引擎、打造全国旅游循环大节点、打造中华文化传播示范区、打造旅游现代治理样板区五大发展目标。该规划提出到2035年，旅游业综合功能全面释放，旅游业整体实力和竞争力大幅提升，旅游产业成为推动经济高质量发展的重要支撑和带动相关产业发展的重要引擎，旅游事业成为展示荆楚文化形象

---

① 数据来源于国家文化和旅游部、湖北省文化和旅游厅网站公示信息和《2021年“湖北名优”品牌名录》。

的重要阵地和荆楚文化“走出去”的重要渠道，旅游出行成为人民群众获得感、幸福感日益增强的重要标志，旅游行业成为贯彻新发展理念、构建新发展格局的示范行业等五大远景目标。围绕打造文旅品牌，湖北省重点推动和开展了以下工作，取得了积极的成效。

一是着力构建“一主引领、一江贯通、三区联动、六山支撑、九湖润泽”的旅游品牌发展新格局。强化武汉市在全省旅游业发展中的龙头地位和牵引作用。发挥长江贯穿全省千余千米的优势，着力打造以长江为主轴，以沿江城市为依托，以武汉、宜昌大型旅游港为支撑，以武汉都市旅游、长江三峡旅游为龙头，以游船旅游产品为主体的湖北长江黄金旅游带。立足西部、中部、东部的旅游资源特色、旅游发展阶段、旅游发展定位等实际，以差异化开发、联动式发展为着力点，打造特色鲜明、相得益彰的三大旅游区域。努力形成“六山支撑、群山跟进”的山地旅游发展新格局。坚持差异化开发、特色化发展，打造和唱响武当山文化旅游、神农架生态旅游、武陵山地质旅游、大别山红色旅游、大洪山休闲旅游、九宫山避暑旅游等品牌。努力形成“九湖引领、千湖竞发”的湖泊旅游发展新格局。坚持观光、休闲、度假并重，加强湖泊、岸线旅游资源整合，打造形成东湖、洪湖、梁子湖、丹江口水库、漳河水库、仙岛湖、浠水湖、陆水湖、富水湖等知名湖泊旅游品牌。

二是建设富有文化底蕴的世界级、国家级旅游景区和度假区。进一步提升黄鹤楼、三峡大坝、武当山、神农架、恩施大峡谷等5A级旅游景区和武当太极湖国家级旅游度假区品质，力争1 ~ 2家进入世界级旅游景区行列。将“一江两山”（长江三峡、神农架、武当山）整体打造为有国际影响力的旅游品牌，并连接恩施大峡谷、腾龙洞等旅游景区，形成集中展示湖北旅游精华、世界闻名的鄂西生态文化旅游带；推进三峡大瀑布、龟峰山、明显陵、神农故里、荆州古城等创建5A级旅游景区，推进三峡旅游度假区等创建国家级旅游度假区；进一步提升武汉、宜昌、襄阳、十堰等城市的旅游功能，力争2家进入国家级旅游休闲城市行列。支持荆州、恩施州、咸宁、随州、黄冈等一批旅游资源富集、旅游产业基础较好的城市配套旅游要素，完善旅游功能，提升旅游形象，创建具有区域影响力的旅游休闲城市。

三是打造文化主题突出的国际化精品旅游线路。打造武汉都市之旅、宜昌长江三峡之旅、十堰武当山问道之旅、神农架探秘之旅、襄阳三国文化之旅、恩施州土家风情之旅、荆州楚文化之旅、随州炎帝寻根之旅、黄冈大别山之旅9条精品旅游线路。

四是优化红色旅游发展布局。结合全省红色旅游资源特征，构建“一城一山一湖重点突破、一园十线百景全域联动”的红色旅游发展新格局，突出“首义之城、英雄武汉”主题，弘扬近代首义文化、现代革命文化、新时代抗洪精神和新时代抗疫精神，把武汉建设成为全省红色旅游核心、全国重要红色旅游城市。推动大别山和洪湖红色旅游基地建设，发挥两地旅游资源综合优势，红色文化与绿色生态相促进，构筑以红色为魂、以绿色为体的复合型旅游产品，将两地打造成为在全国范围内有影响力的红色旅游目的地。发挥大悟、阳新、咸安、曾都、宜城、鹤峰、咸丰等地的节点作用，打造省内有影响力的红色旅游目的地。推进省域红色旅游整体发展，实施“双十双百”红色旅游品牌建设工程，推出十大经典景区和十条精品线路，培育100家红色基因传承基地。

五是培育乡村旅游品牌。巩固湖北省旅游名镇名村品牌，拓展文旅融合领域，创建一批湖北省旅游名镇名村，引领和带动乡村旅游全域发展。推进乡村旅游景区标准化管理，创建一批乡村型A级旅游景区、旅游度假区和其他品牌旅游区。推动乡村旅游资源特色化开发，分别打造景观农业、农业产业园、赏花基地、农事生活、休闲庄园、渔家风情园、旅游营地、文化活动等乡村旅游示范品牌。持续扩大“荆楚乡村文化旅游节”的影响，打造一批乡村旅游节庆品牌。

六是构建旅游形象品牌体系。在总结“灵秀湖北”旅游形象品牌推广成效和不足的基础上，综合考虑湖北地理、历史、经济、社会、文化等因素，紧密结合湖北旅游资源和产品特色，借鉴国内外经验，重新概括和提炼湖北旅游形象品牌。与此同时，在知音江城、诗画宜昌、楚韵荆州、人文黄冈、长寿荆门、香泉咸宁、硒有恩施、神韵随州、秘境神农、人间仙桃等旅游形象品牌的基础上，进一步提升各市（州、林区）旅游形象品牌。在打造城市旅游形象品牌的同时，结合推广核心旅游景区、精品旅游线路、特色旅游设施，推出多层次旅游形象品牌，构建湖北省旅游形象品牌体系。

七是打造知名旅游活动会展品牌。按照“全球视野、国家站位、行业盛典、企业峰会”的总体要求，创新思路、打造精品，进一步做实文旅领域博览会的“国家级”规格，进一步深化科技赋能，进一步突显“生态之美”特色。举办长江民歌汇之荆楚大地音乐会——长江国家文化公园主题剧目展演，进一步展现“知音湖北”特色；借助展馆现场直播间、艺术品拍卖、非遗展销、国际免税商品售卖以及文旅产品交易等活动，进一步突出展会交易功能，将中国（武汉）文化旅游博览会打造成为文旅融合发展平台、文旅精品推广平台、美好生活共享平台；持续举办“水上桨板嘉年华”“湖北高校百公里接力赛”“湖北·长江国际超级马拉松”等自主IP体旅赛事，创造更多文体旅融合的看点、亮点、卖点；举办“全国露营大会”“第二届湖北·武汉青少年体育博览会”等活动，做好“会展+文旅”“研学＋文旅”等主题活动，增加品牌曝光度，开展主题营销宣传活动，做到早晚皆可游、全年无淡季。

（三）以资本品牌提高服务品牌含金量

在资本市场打造方面，湖北银行、汉口银行和武汉农村商业银行3家银行进入中国银行业协会公布的2023年中国银行业100强名单，分别排在第65位、第69位和第75位。从中国证券业协会公布的《证券公司2021年经营业绩指标排名情况》来看，长江证券、天风证券、九州证券的总资产排名分别为第19位、第25位和第88位（见表3-3）。

表3-3 湖北券商在《证券公司2021年经营业绩指标排名情况》中的排名

	长江证券	天风证券	九州证券
总资产排名	19	25	88
净资产排名	21	25	86
营业收入排名	18	32	92
净利润排名	20	55	81
净资产收益率排名	34	—	—
公益性支出排名	44	22	—
净资本排名	18	28	86
核心净资本排名	19	35	86

资料来源：本书编写组整理。

与此同时，为充分释放供应链金融活力，湖北联投集团有限公司打造了“联链通”供应链金融服务平台，截至2024年4月25日，平台上线资产规模突破100亿元，成为湖北省首家上线资产规模破百亿元的商贸物流及大宗商品供应链金融创新试点平台，跑出供应链金融“加速度”。该平台为核心企业和链上中小企业节约资金成本超4000万元，有效降低中小企业融资成本30%以上，实现了核心企业与上下游企业共赢。

（四）以数字品牌提升服务品牌融合力

对于数字化品牌建设，湖北省重点围绕集群品牌打造区域数字化发展增长极，建设全国数字产业化引领区、全国产业数字化先导区、数据要素聚集区、中部地区数据治理样板区和新型基础设施中部枢纽节点；实施核心产业倍增行动、融合应用加速行动、数据价值化行动、数据治理能力提升行动、网络强基行动、数字生态活力构筑行动六大行动。

湖北省经济和信息化厅的数据显示，2023年，湖北省数字经济规模约为2.6万亿元，占地区生产总值比重约为47%。2021年以来，湖北省12个项目入选工业和信息化部新型信息消费示范项目，数量连续三年居全国第二；13个项目入选工业和信息化部大数据产业发展试点示范项目，数量居全国第三、中部地区第一；12个项目入围2022年新一代信息技术与制造业融合发展试点示范名单，数量居全国第三、中部地区第一。截至2023年末，全省在建5G全连接工厂达到108家，工业企业上云达到4.6万家；企业关键工序数控化率达到58.1%，高于全国平均水平2.4个百分点；已建成37个重点工业互联网平台，湖北格创东智科技有限公司被评为国家级“双跨”工业互联网平台，实现零的突破。截至2023年末，国家工业互联网武汉顶级节点标识注册量超过170亿个。截至2023年10月，武汉顶级节点接入二级节点34个，标识注册量3年增长50倍，累计标识解析量134.01亿次，累计接入企业节点数量14957家。截至2023年末，全省在用数据中心112个，在建数据中心35个，边缘数据中心16个，在用机11.3万架，居中部地区第一（见表3–4）。区块链基础设施建设实现突破性发展。全国首个“星火·链网”超级节点在武汉上线后，华中地区首个“星火·链网”骨干节点（汉阳）于2022年1月上线，十堰市、三峡集团等骨干节点加快建设。2021年8月，工业和信息化部正式复函支持武汉市创建国家区块链发展先导区，全国仅武汉、苏州、郑州、昆明4个城市获批；同年9月，工业和信息化部正式复函支持武汉市创建国家人工智能创新应用先导区，武汉成为全国11个人工智能创新应用先导区之一。围绕云、数、政业务领域，湖北加快推动“楚天云”政务云平台在拓展智慧城市、智慧医疗、智慧城管、智慧交通等领域的创新应用，在国密云、信创云、数字资产管理、区块链、城市信息模型（CIM）平台、鄂汇办新服务、省直“一业一证”、公安一网通办、校园随手拍等领域实施创新项目。

表3-4 截至2023年末数字化品牌建设部分关键支撑指标数据情况

指标名称	指标数值
光缆线路长度	223万千米
在建5G全连接工厂数量	108家
工业企业上云（覆盖率）	4.6万家（超45%）
企业关键工序数控化率	58.1%
国家重点实验室数量	5个
国家制造业创新中心数量	2个
国家工程技术研究中心数量	6个
在建数据中心数量	35个
边缘数据中心数量	16个
在用机数量	11.3万架

资料来源：本书编写组整理。

当前，湖北省以服务业“五个一百工程”重点品牌建设和中国品牌日活动为抓手，积极构建荆楚服务品牌。在湖北省服务业开展“五个一百工程”活动过程中，专门遴选出服务业“一百个重点品牌”，对龙头企业、重点企业给予支持，并指定专人对口负责，协调克服和解决服务业重点品牌在发展中遇到的困难和问题。在服务业发展年度工作要点中明确要求持续抓好生产性服务业高质量发展和生活性服务业高质量发展，强调突出抓好各领域重点品牌建设。修改完善服务业发展引导资金管理办法，明确将湖北省 100 个服务业重点品牌纳入湖北省服务业发展引导资金的支持范围，支持正在进行或当年拟进行的品牌提升活动，协调各地积极落实服务业品牌建设奖补资金。适时对服务业重点品牌持有人和市（州、林区）发展改革部门相关工作人员进行专门培训，增强品牌持有人的商标意识和品牌保护意识，提高相关工作人员指导品牌建设的专业素养。

第四章

“地域特色”构建品牌核心竞争力

一、创造美好生活，打造湖北幸福品牌

党的十八大以来，习近平总书记五次考察湖北武汉[①]。从田间地头到城乡社区，从港口码头到科技园区，习近平总书记赋予“武汉是英雄的城市，湖北人民、武汉人民是英雄的人民”[②]的深情厚望。湖北人民有信心也有力量，去创造美好生活。

（一）以农旅融合实现传统农业迭代升级

2019年起，湖北省按照“区域公用品牌 + 企业产品品牌”的“母子”品牌模式，实施农产品品牌培育“222”行动，重点培育潜江龙虾和蕲春蕲艾两个省级核心大品牌、20个区域公用品牌和200个企业产品品牌，经过3年培育，基本形成标准化生产、产业化经营、品牌化营销的现代农业发展格局。近年来，湖北省潜江市积极抢抓湖北十大重点农业产业链建设机遇，以创建全国首批农业现代化示范区为引领，加快推进虾稻产业集聚化、规模化、市场化、品牌化发展，拟打造千亿元虾稻特色产业集群，虾稻产业呈现出新的气象，发展势头更加强劲。

湖北省潜江市属水网湖区，域内沟渠纵横交错，池塘湖泊星罗棋布，拥有水面面积40万亩，水产业发展优势明显。经过20年的探索、发展和

---

① 《跟着总书记看中国 光辉照耀英雄城市》，新华网，2022年8月26日。

② 《习近平在北京市调研指导新型冠状病毒肺炎疫情防控工作时强调 以更坚定的信心更顽强的意志更果断的措施 坚决打赢疫情防控的人民战争总体战阻击战》，新华社，2020年2月10日。

创新，潜江市率先建立了虾稻全产业链技术标准体系，出台《打造“潜江龙虾”“潜江虾稻”区域公用品牌三年行动计划》，先后成功注册“潜江龙虾”（活体）、“潜江龙虾”（非活体）、“潜江虾稻”地理标志证明商标，还牵头制定20余项虾稻全产业链技术标准，形成了涵盖养殖、加工、餐饮等全产业链的标准体系。如今，“潜江龙虾”“潜江虾稻”都被认定为中国驰名商标。

截至2024年5月，潜江市小龙虾“虾稻共作”面积达88.7万亩，虾稻产业综合年产值超750亿元。潜江市拥有全国最大的潜江龙虾产业加工企业集群，产品出口至30多个国家和地区。2023年3月3日，在全省渔业渔政工作会暨养殖尾水治理技术培训班上，潜江市宣布，2023年潜江龙虾区域公用品牌价值为422.29亿元，比2022年增长20.4%。潜江市通过制定行业标准和出台区域公用品牌管理办法，持续打响“中国小龙虾之乡”的金字招牌。潜江市整体打造潜江小龙虾“区域公用品牌、企业品牌、产品品牌”的品牌工程体系，提升了潜江小龙虾品牌的公信力和影响力。

在每年小龙虾上市的季节，潜江通过举办“龙虾节”等多种形式的活动，吸引百万游客和食客从全国各地到潜江看虾展、吃龙虾。在潜江生态龙虾城，小龙虾、虾稻米饭基本上是每桌食客的标配。这一场景的背后，是潜江虾稻之乡雄厚的品牌实力。潜江市支持餐饮企业、电商企业开办分店，打造共享餐厅，掌握市场导向，培育消费“铁粉”，现有龙虾餐饮店2500多家，从业人员近2万人，店铺遍布全国；潜江市促进“龙虾+文创”跨界融合，以潜江龙虾为原始形象，塑造潜江旅游IP形象——“潜小侠”“江小荷”“潜米团”三个卡通人偶，充分促进文化与旅游产业的深度融合，推动潜江虾稻产业及文化旅游产业高质量发展；潜江市还紧紧围绕潜江虾稻区域公用品牌建设，形成以创建品牌为引领、以提升品质为核心、以带动农民增收致富为目的的工作思路，推动虾稻一、二、三产业融合发展，促进粮食增产增收。

2022 年 11 月 29 日，我国申报的“中国传统制茶技艺及其相关习俗”成功通过评审，被列入联合国教科文组织人类非物质文化遗产代表作名录。湖北省恩施州的恩施玉露制作技艺与国内其他 43 项传统制茶技艺及相关习俗一起，用“一片树叶”的中国呈现向世界展示了“茶和天下”的中国智慧。此次申遗成功既是对中华优秀传统文化的肯定，对恩施州土家族、苗族、侗族各族人民精神创作的肯定，对恩施玉露制作技艺的肯定；同时也给恩施州人民巩固拓展脱贫攻坚成果、助推乡村振兴提供了巨大的动力。

恩施玉露产自有“世界硒都”美誉的湖北省恩施土家族苗族自治州，是以地方优良品种茶树鲜叶为原料，经特定工艺加工成“形似松针、清香持久”的蒸青针形绿茶。这种茶叶天然富含有机硒，是中国蒸青针形绿茶的典型代表。成品茶色泽润绿，条索匀整、紧圆、光滑，挺直如松针，香气清高持久，汤色嫩绿明亮，滋味鲜醇，叶底绿亮匀整，被誉为“茶中极品”。近年来，恩施玉露誉满神州，2018 年成为武汉东湖国事活动茶叙用茶、2019 年入选第七届世界军人运动会指定绿茶。

恩施州现有茶园种植面积 180 万亩，规模居湖北省首位，是全国最大的天然富硒茶基地和首批“中国特色农产品优势区”，富硒茶叶产业、富硒绿色食品产业入选湖北省重点成长型产业集群。2023 年全州干毛茶总产量达 13 万吨，综合产值达 248 亿元，带动 83 万名茶农增收致富。恩施州积极开展恩施玉露制作技艺保护传承工作，先后建成“恩施玉露制作技艺”传承展示基地 6 个，投资 3000 余万元的恩施玉露博物馆已经竣工，为“恩施玉露制作技艺”传承发展提供了坚实保障。“恩施玉露”已成为推动当地社会经济发展的主导产业。恩施州各级政府加大了对恩施玉露品牌的整合力度，成立了集团公司来统一运营和管理品牌，以促进其健康有序发展。恩施玉露品牌价值现已达到37.14亿元，可辐射茶园面积达50余万亩。恩施玉露茶产业链不断延伸，不仅打响了当地茶产业品牌，更有效带动了当地就业，极大提升了农民收入。

正是通过传承传统制茶技艺，湖北省恩施州推动“茶旅融合”，用“一片叶子”带动了80多万名茶农增收，助力乡村振兴。

（二）以低碳起步打造美好生活湖北样板

碳排放权登记结算（武汉）有限责任公司是湖北省精心打造的“绿色银行”，被誉为“碳资产大脑”，是湖北省首个全国性金融功能要素平台，将吸引资金、技术和绿色金融机构以及各类金融要素向长江中游城市群聚集，为打造城市低碳零碳品牌奠定了基础。

2021年7月16日，全国碳排放权交易市场开市，设在湖北省的全国碳排放权注册登记系统高速运转，全力保障全球最大规模碳市场稳定运行。湖北省碳市场体系日趋完善，2022年，64%的控制排放企业实现碳排放总量减少或强度降低。近年来，湖北省协同推进降碳、减污、扩绿、增长，生态环境持续改善。一方面，围绕“加新、控煤、稳油、增气”，全省2021年非化石能源消费量占比约为16.8%，化石能源消费总量控制成效显著；另一方面，积极实施战略性新兴产业倍增计划，产业“含新量”“含绿量”不断提升，三次产业结构由2012年的12.8 ∶ 50.3 ∶ 36.9调整为2021年的9.3 ∶ 37.9 ∶ 52.8，产业结构更加合理。

为推进工业领域节能降碳，湖北省制定了钢铁、水泥、煤炭、平板玻璃、电解铝五大重点行业落后产能应退尽退方案。全省所有单机装机容量20万千瓦及以上的火电燃煤机组已基本完成超低排放改造，推进实施工业炉窑整治项目800余个，淘汰低效燃煤小锅炉4500多台。经过多年努力，湖北省建立了成熟的碳市场体系，累计交易量和成交总额保持在全国前列，为推进全国碳市场建设、助力企业开展零碳品牌建设积累了“湖北经验”。

二、弘扬抗疫精神，打造湖北责任品牌

2020年初，在决胜全面建成小康社会的关键时刻，新冠疫情突袭武汉。一夜之间，湖北人民的生活被按下了“暂停键”。面对突如其来的新冠疫情，湖北人民用约3个月的时间取得武汉保卫战、湖北保卫战的决定性成果，为全国抗疫争取了战略主动。凭借危难时刻爆发出的不屈力量，湖北成为中国抗疫斗争的精神坐标，湖北人民以坚不可摧的大无畏气概，诠释了生命至上、举国同心、舍生忘死、尊重科学、命运与共的伟大抗疫精神。在抗疫精神的激励下，湖北品牌凭借其良好口碑与坚定的社会责任感，充分发挥自身优势，主动承担，造福于民，吹响了战“疫”的冲锋号角。

（一）保供给、齐抗疫，湖北粮企扛起荆楚责任

湖北省是全国13个粮食主产区之一，是全国10个粮食净调出省之一。2022年，湖北粮食总产量位居全国第十一，粮食总产量常年稳定在500亿斤以上；粮油加工总产值稳定在1800亿元以上，位居全国前列。全省共有“荆楚好粮油”产品124个，38个“荆楚好粮油”产品荣获“中国

好粮油”称号，“荆楚粮油”省级公用品牌荣获中国十佳粮油影响力公用品牌，“湖北菜籽油”荣获中国十佳粮油区域领导品牌。

面对新冠疫情，作为粮食大省的湖北省按照省委、省政府“湖北粮、荆楚味”的战略部署，结合“优质粮食工程”建设，着力打造优质、营养、安全、享誉全国的区域粮油品牌——“荆楚大地”，增加优质绿色的系列农产品供给，切实抓好粮食生产和流通，守住管好湖北粮仓。“荆楚大地”主要涵盖潜江虾稻、国宝桥米、德安府香米、孝昌太子米、生态米（再生稻米）、“双低”菜籽油等特色产品，在新冠疫情期间保障全省的粮食供应，有力保证了居民“米袋子”“油罐子”量足价稳。湖北省全域粮食部门依托“优质粮食工程”示范品牌和应急网点，通过联动保供、复工保供、稳价保供、增储保供等方式，保障粮食供应量足、价稳、质优，粮食库存可供全省居民口粮消费一年以上，保障能力由 15 天提高到 30 天以上。新冠疫情发生后，435 家重点粮油企业作出“不涨价、不限供、不降质”的公开承诺，并踊跃捐款捐物，据不完全统计，180 家省内粮油、粮机企业累计捐款捐物 1337 万元（含 450 余万元防疫紧急物资）。

新冠疫情发生后，全国 4.7 万多名医务工作者，以及公安、司法、宣传、退役军人事务系统等人员驰援湖北、抗击疫情，成为新时代的“最美天使”。经湖北省政府批准，省粮食局、省粮食行业协会组织开展了“荆楚大地”好粮油回馈“最美天使”援鄂抗疫人员活动，引导省内 30 家示范企业向 4.7 万多名援鄂抗疫人员回馈湖北特色优质粮油产品。此次馈赠产品以获得“中国好粮油”“荆楚好粮油”称号的湖北优质大米为主，兼顾热干面、稻米油、芝麻油、米酒、小麦胚芽粉等湖北特色优质粮油产品，共计 42 种，以大米为主每人每次寄送 5 公斤，其他产品参照寄送，并附上统一制作的产品包装袋和感恩卡。

该回馈活动时间跨度为1年，“回馈礼”分4期寄出，分别于2020年的端午节、中秋节，2021年的春节、护士节4个重要时间节点寄送，累计寄送粮油产品10万多份，价值共计约1200万元。首赠活动于2020年6月15日成功举办，首批“荆楚大地”好粮油产品于端午节前全部送至回馈对象手中，《湖北日报》、湖北卫视等10余家媒体全方位报道，收获如潮好评。该回馈活动收到回馈对象4300多条网络和电话留言，有的援鄂人员表示“打开感恩卡片时已经热泪盈眶”“眼泪不争气地掉下来”，有的饱含深情赋诗一首，有的表示“此生无悔入荆楚”，有的约定“再来湖北看樱花，吃热干面”……这些留言既洋溢着满满的家国情怀和正能量，也展现了“湖北粮”保供给、齐抗疫的决心。

（二）众志成城，湖北品牌展现荆楚力量

突如其来的新冠疫情，把重大风险挑战零距离摆在湖北人民面前，在紧急关头、危难时刻爆发出来的精神力量，在生与死的斗争中显现出来的精神本色，不向困难低头的精神气象，需要在不断跋山涉水的事业中接续，在征服一个个“娄山关”“腊子口”的新长征路上绽放光彩。河流奔向大海，跨高山险关、历冲波逆折，奔腾向前的势头永不改变。从武汉保卫战、湖北保卫战中闯出来的英雄之地、英雄的人民，从停产停工、经济停滞中突围的品牌精神，从磨难的土壤里汲取的经验和智慧，都汇聚成伟大抗疫精神融入血脉之中。新冠疫情期间，湖北上市公司累计捐赠资金约1.6亿元，捐赠物资价值约7000万元，成为支援疫情防控工作的坚实力量。

长江存储科技有限责任公司、东风汽车集团有限公司、武汉高德红外股份有限公司、武汉明德生物科技股份有限公司、武汉斗鱼网络科技有限

公司、九州通医药集团股份有限公司……“云上2020年中国自主品牌博览会”情暖荆楚湖北馆中，一个个耳熟能详的湖北品牌映入观众眼帘，馆门前“湖北胜则全国胜”“武汉是英雄的城市”“搭把手、拉一把”等带有浓厚历史印记的语句，让湖北馆在全国38个展馆中显得尤为特别。在新冠疫情防控过程中，大批湖北品牌做了大量卓有成效的工作。

武汉当代明诚文化体育集团股份有限公司捐赠的抗疫物资包括800套防护服、4.2吨医用酒精、8000只口罩等，对接了23家单位及机构；奥美医疗用品股份有限公司N95口罩[①]日供应量已超16万只，医用外科口罩与一次性使用医用口罩日供应量达到50万只；九州通医药集团股份有限公司承担了武汉市医疗物资采购、质量保证及物流运输储备等任务，为武汉方舱医院及一线医护人员和武汉市民提供药品；湖北和远气体股份有限公司驰援武汉火神山、雷神山医院，为全省520多家医疗机构供氧145万立方米；湖北卓尔集团控股有限公司捐建7家应急医院和2所方舱医院；武汉华康世纪医疗股份有限公司10天建成火神山重症加强护理病房和手术净化室，程力专用车股份有限公司加班加点生产负压救护车，武汉明德生物科技股份有限公司彻夜攻关完成核酸检测试剂盒研发生产；劲牌持正堂药业有限公司、健民药业集团股份有限公司捐赠百万服中药配方颗粒和汤剂；武汉高德红外股份有限公司、武汉华中数控股份有限公司、武汉协卓卫生用品有限公司、武汉金仕达数控科技有限公司昼夜加班生产医用防护物资……上述行为充分彰显了湖北品牌企业的责任担当和精神风貌。

面对重重挑战，湖北人民如期完成581万贫困人口脱贫任务，与全国同步实现全面小康，书写了中国减贫奇迹的湖北篇章。面对新冠疫情后恢

① 一种防护口罩，可过滤掉空气中至少95%的非油性颗粒物。

复重振的艰巨任务，湖北省用两年半的时间实现从跌出主赛道到重回主赛道再到领跑主赛道的强势复苏，大力推动品牌建设，助力科教兴国、人才强国、制造强国、质量强国、乡村振兴战略等国家重大战略有机融合，抓住建设全国构建新发展格局先行区历史机遇，展现出全新的发展态势和勃勃生机。

三、坚守工匠品质，塑造湖北科创品牌

在浩瀚的历史长河中，无数独具匠心的荆楚工匠创造了异彩纷呈的工艺技术文明，形成了追求卓越、博采众长、勇于创新的荆楚工匠精神，青铜冶铸、丝织刺绣、木竹漆器、美术音乐、兵器制造和工程建造等科技与手工艺制造技术堪称领先世界的匠艺结晶。小到一枚螺丝钉、一根电缆的打磨，大到飞机、高铁等大国重器的锻造，都展现出工匠们笃实专注、严谨执着的匠心品质。湖北省开展了荆楚工匠培育创建活动。开展该项活动不仅是时代的需要，更有利于精神品质的传承。荆楚工匠的培育创建活动，为丰富湖北品牌科创引领、匠心匠造奠定了坚实的基础。

作为长江经济带、中部地区崛起等国家重要发展战略的承载地，加快科技创新是党中央赋予湖北省的政治任务，也是湖北省适应新发展阶段、服务构建新发展格局、实现高质量发展的关键。2020 年 12 月 2 日中国共产党湖北省第十一届委员会第八次全会、2021 年 6 月 21 日中国共产党湖北省第十一届委员会第九次全会提出坚持把科技创新摆在事关发展全局的核心位置，全面部署建设科技强省。全省上下把科技自立自强当作使命，以科技创新为第一动力增强发展新动能，让科技创新真正成为湖北省“建成支点、走在前列、谱写新篇”的核心竞争力和重要支撑力，这也是在激

烈的市场竞争和转型升级压力下，被赋予“以创新为导向、以技术为生命、以质量为追求”新内涵的工匠品质对推进湖北省科创品牌建设的重要意义。

（一）工业设计引领传统制造业实现工匠创新

从纺织到钢铁，从化肥到水泥，传统制造业正遭遇前所未有的生存之困。湖北省是我国重要的老工业基地和制造业大省，传统产业存量大、企业多，产业结构调整和转型升级任务重大。面对经济新常态，湖北省改变以往规模扩张型、粗放型增长方式，注重为传统企业注入新思维，采用产业升级、智能制造、集约发展的新模式，增加技术创新和工业设计投入，让传统制造业焕发生机。

为进一步加快湖北省工业设计发展，推进设计服务业与相关传统产业融合，湖北省相继出台《湖北省人民政府关于进一步加快服务业发展的若干意见》《湖北省人民政府关于推进文化创意和设计服务与相关产业融合发展的实施意见》《湖北省省级工业设计中心认定管理办法》等文件。湖北省人民政府办公厅印发的《中国制造2025湖北行动纲要》提出：制造业的发展要以产业转型升级需求为导向，加快发展工业设计、工业大数据、电子商务等生产性服务业，积极培育新型服务业态，促进生产性服务业专业化发展、向价值链高端延伸，加快产业由生产制造型向生产服务型转变；全力打造武汉“设计之都”品牌，成为全国服务型制造先行先试区。

2016年底，华中最大的工业设计产业基地——武汉D+M工业设计小镇落户武汉。武汉D+M工业设计小镇集聚一批上下游企业，设置设计创新、产业链整合及智慧工业、研究应用、众创空间、服务配套和教育培训六大组团。企业只需提出一个想法，就能得到从概念定位、设计、模具到产品乃至市场营销的全链条解决方案，这弥补了武汉工业设计的短板。该基地计划10年引入及孵化100余家工业设计企业，实现100亿元产值。

截至2023年，湖北省已连续举办了六届“楚天杯”工业设计大赛，一些企业充分利用设计大赛成果，推动企业创新，促进了企业的快速发展。“楚天杯”工业设计大赛已成为华中地区重要的工业设计赛事，受到国内工业设计界的高度关注和广泛好评，掀起了一阵“重视设计，促企业发展”的热潮，并以此鼓励创新设计思维、提升设计层次、扩大社会影响，极大地加快了“湖北制造”迈向“湖北创造”的步伐。

2023年，湖北省中铁科工集团有限公司工业设计中心、襄阳五二五泵业有限公司特种泵设计中心等6家企业工业设计中心入选第六批国家级工业设计中心，省经济和信息化厅认定省级工业设计中心80个。武汉企业已树立自主设计和自主品牌的意识，纷纷设计出专有特色产品。

（二）以硬核实力为国之重器作出工匠贡献

近年来，武汉坚定不移实施创新驱动发展战略，担当使命铸就国之重器，科技创新能力不断提升，创新创业活力持续释放。武汉拥有高等院校92所，在校大学生近130万人；集聚中央在武汉科研机构38家，拥有两院院士80余人。武汉市发明专利授权量不断攀升。2023年，武汉市新增发明专利2.28万件，每万人口高价值发明专利拥有量上升至34.56件，同比增长23.03%。武汉市每万人口高价值发明专利拥有量（34.56件）约为我国每万人口高价值发明专利拥有量（11.8件）的3倍。武汉市科技创新能力名列全国前茅，在《国家创新型城市创新能力评价报告2023》中，武汉排名第六；在《自然》增刊发布的《2023自然指数—科研城市》排名中，武汉位列中国第五、全球第十。

国之重器是大国工匠为国家与民族拼出的硬核实力，国之重器凝聚武汉贡献，硬核科技竞相涌现。中国首款第四代三维闪存芯片、中国首条5G智能制造生产线、中国首台高精度量子重力仪、中国首款完全自主研发的L4级5G自动驾驶汽车、全球首款新冠灭活疫苗等重大自主创新成果均在武汉问世，一批“国之重器”凝聚武汉科技力量。数据显示，武汉总计获得国家级科技奖励250多项，2019年中国第一代核潜艇总设计师黄旭华院士获得国家最高科学技术奖。中国信息通信科技集团有限公司5年内六次打破光纤传输系统容量、距离、速率等技术指标的世界纪录，5G标准必要专利数进入全球排名前十。

2023年，湖北已建和在建国家重大科技基础设施达到8个，位居全国第五。全省新型研发机构达到477家，位居全国第二。全省创新成果加快转化，科技成果省内转化率提高到65.2%。面向科技前沿的领域，湖北省汇聚了一批创新企业，“硬科技”底色凸显。全省入库科技型中小企业35303家，同比增长47.07%；技术合同交易额达4860亿元，同比增长59.8%；全省高新技术企业总数达到2.5万家，位居全国第六，实现历史性进位。全省传统产业加速转型，工业技改投资增长7.6%；新兴产业加速发展壮大，数字经济增加值占地区生产总值比重提高到47%。

自2021年武汉产业创新发展研究院挂牌成立以来，全市已建成工业技术研究院23家，技术转移示范机构数量达到134家（其中国家级16家），技术合同成交额从2012年的169.69亿元提高到2021年的1127.75亿元，位居全国副省级城市前列。

弘扬工匠精神的意义在于勇攀质量高峰，把提升质量作为推动供给结构、需求结构升级的重要抓手，打造更多让消费者满意的知名品牌，让追求卓越、崇尚质量成为全社会、全民族的价值导向和时代精神。因此，要实现中国制造向中国创造、中国速度向中国质量、中国产品向中国品牌的转变，完成中国制造由大变强的战略任务，需要大力弘扬工匠精神，需要一大批“有智慧、有技术、能发明、会创新”的劳动者，培养一支能够承接新技术、新产业、新业态的知识型、技能型、创新型职工队伍正是武汉科技创新品牌建设的重要切入点和着力点。培育“湖北工匠”“荆楚工匠”，有助于进一步提升广大职工的岗位责任感、职业荣誉感、企业归属感和历史使命感，有助于增强武汉市国际竞争力、企业核心竞争力和职工创新创造能力，为武汉建设科技创新中心和打造科技创新品牌提供人力资源、智力支撑和舆论引导。

四、厚植荆楚文化，培育湖北生态品牌

荆楚文化是周代至春秋战国时期在江汉流域兴起的一种地域文化，主要是指以当今湖北地区为主要辐射地的古代荆楚历史文化。荆楚文化是华夏民族文化的重要组成部分，具有很强的品牌符号性，既包含瑰丽独特的物质文化标识，如古楚国的漆器、玉器、青铜器，随州出土的曾侯乙编钟，荆州出土的虎座鸟架鼓，武汉黄鹤楼、古琴台等；也体现在一系列具有荆楚文化价值的精神文化标识中，如彰显“江汉朝宗于海”“抚夷属夏”的开放胸怀，遵从“道法自然”“上善若水”的人文境界，秉承“虽九死其犹未悔”“深固难徙”的爱国情怀，坚守“筚路蓝缕、以启山林”的创业决心，内化“敢为天下先”“一鸣惊人”的惊世气魄，继承“当惊世界殊”的雄心壮志，遵循“止戈为武”的和合精神，等等。这些都是体现荆楚文化吞吐古今、兼容天下、天人合一、锐意创新、敢于担当等特点的文化符号。

根植于荆楚文化的湖北省生态品牌建设成果显著，湖北省生态文明示范创建保持全国第一方阵。截至2023年，全省成功创建“绿水青山就是金山银山”实践创新基地9个，累计命名国家生态文明建设示范区32个。

（一）挖掘荆楚文化优势，打造荆楚文化“走出去”品牌

湖北省历史悠久，人文荟萃，在波澜壮阔的历史长河中，创造了博大精深、源远流长、极具地域特色和魅力的荆楚文化，为开展对外文化交流提供了品牌基础。湖北省立足荆楚文化资源和特色，挖掘荆楚文化的代表性元素、符号以及标志性内容、题材，并选择舞台演出、技艺表演、可移动性文物展览、民俗活动展示、旅游体验等有效呈现形式，打造了文化“走出去”系列品牌。

湖北省发挥地方戏曲、非物质文化遗产的特色和优势，推动地方传统文化创造性转化和创新性发展，在重大外事活动和对外文化交流活动中推出了湖北京剧、汉剧、黄梅戏、编钟乐舞、土家民族歌舞、武汉杂技等经典演艺节目。2014年2月，湖北省文旅部门赴俄罗斯举办了京剧传统折子戏展演活动，让俄罗斯民众亲身体验了我国国粹京剧的独特魅力。2019年，湖北省文化和旅游厅（以下简称湖北省文旅厅）又组织赴美国俄亥俄州举行编钟演出、恩施州民族歌舞演出，向美国民众展示了独具特色的湖北音乐文化和歌舞艺术。

湖北省文旅厅依托和组织省内的重点文化场馆和龙头企业，突出荆楚文化特色，推出了“礼乐中国”——湖北省博物馆商周青铜器特展、“湖北，从长江走来”湖北文化旅游图片展、“中国大漆走世界”——湖北美术馆漆艺藏品卢森堡展、“锦绣长江”非物质文化遗产展示活动等优质展览项目，深受海外观众的欢迎。2016年在德国举办的“感知中国——长江

边的非遗故事”展览，让德国民众直观感受到了中国非物质文化遗产的魅力；2018年组织省博物馆赴俄罗斯民族博物馆举办的“皇家品味——15世纪中国藩王的艺术展”，展出了众多源自明代的中国宫廷艺术品，产生了良好反响。

湖北省文旅厅挖掘具有中国气派、湖北特色的传统节日、民间艺术、民间技艺、社会生活等民俗文化内涵，以文字、图片、视频、文创产品、节庆活动等方式，宣传推广春节文化、端午文化、中秋文化、武当功夫、茶艺等民俗文化品牌，让国外民众感受到了中国民俗文化的底蕴。2017年5月下旬至6月中旬，湖北文旅厅组派艺术团赴比利时、法国参加了第34届比利时圣吉斯兰国际民间艺术节和第12届法国罗克拉莫利埃国际民间艺术节，16天24场紧凑密集的各类专场演出和交流活动，给比利时、法国观众留下了深刻的印象。2021年，湖北省文旅厅又与里加中国文化中心联合推出了春节民俗图片展。2022年，湖北省文旅厅与中国驻首尔旅游办事处等单位联合举办了“极目楚天·屈原故里”图片展暨视频展播活动。

湖北省文旅厅坚持以文塑旅、以旅彰文，通过推动文旅融合，形成了长江文化、文化遗产、智慧三国、浪漫楚风、土苗风情、神农秘境、始祖炎帝和健康养生八大主题文化旅游品牌。在此基础上，采取“请进来”的方式，面向海外旅游者推出了武汉都市旅游线、长江三峡旅游线、武当问道旅游线、神农探秘旅游线、三国文化旅游线、土家风情旅游线、楚文化旅游线和炎帝寻根旅游线八大旅游线路，以及中医药健康旅游线、“万里茶道”文化旅游线、荆楚赏花旅游线等特色线路。在吸引海外游客游览这些线路的同时，湖北省文旅厅还积极展示中国书画、音乐、文创产品和城乡生活，让游客现场感受荆楚文化的魅力与风采。同时，在湖北举办的屈原故里端午文化旅游节、温泉文化旅游节、世界华人炎帝故里寻根节、中国长江三峡国际旅游节等，也成为对外展示荆楚文化的重要窗口。

湖北省文旅厅积极拓展媒体的外宣渠道，进一步推动荆楚文化“走出去”。通过加强与中央广播电视总台国际在线、中国文化网等媒体的合作，湖北省文旅厅精心设置湖北文化话题，用国外受众能够理解、易于接受的方式讲述湖北文化故事，制作并在境外报刊、电视、网络特别是新媒体上推出了系列荆楚文化图文、视频，刮起了荆楚文化“旋风”。湖北省文旅厅与中央广播电视总台国际在线以“家住长江边”为主题，策划推出了《宝藏湖北》《武当问道》《峡江风情》《探秘神农架》《浪漫土家》等系列湖北文旅海外推广短视频，其中《探秘神农架》在中央广播电视总台韩语海外平台播出后，脸书（现更名为Meta）账号播放量超54万次，覆盖人数超100万人，获多国网友点赞超2000次，互动量超1万余次，被韩国媒体《亚洲经济》官网同步转载，多国网友在看完视频后纷纷“种草”神农架，并在互动区留言，惊叹神农架的神秘多彩，表示有机会一定要到神农架探寻“野人”之谜。湖北省文旅厅还与中央广播电视总台国际在线策划推出了“你好，屈原！湖北秭归端午全球行”推广活动，用20个语种联合传播荆楚文化。

（二）做好长江大保护工作，擦亮“母亲河”生态品牌

纳百川、吞千湖，滚滚长江，奔流到海。党的十八大以来，习近平总书记多次考察湖北省，察看长江生态环境、调研企业创新发展等，在改革发展的关键时刻、重要节点，为湖北指路引航。荆楚大地历经沧桑巨变，日新月异。十载风雨兼程，湖北省践行习近平生态文明思想，在长江大保护上持续发力，深入打好污染防治攻坚战，全省生态环境保护取得新成

效，生态文明体系逐步完善，生态安全屏障更加牢固，美丽湖北建设迈出坚实步伐，全省经济高质量发展的绿色根基进一步夯实。

湖北省扼守长江中游，坐拥长江干线最长径流里程，境内千湖璀璨、湿地纵横，被称作“长江之腰”。面对保护长江的历史责任、国家使命，湖北省重任在肩、义无反顾。在湖北省第十一次、第十二次党代会上，省委、省政府坚决扛起生态大省的政治责任，始终从“国之大者”的高度推动生态文明建设，生态优先、绿色发展都被摆在了重要位置；《关于新时代推动湖北高质量发展加快建成中部地区崛起重要战略支点的实施意见》的出台，明确了加快建设美丽湖北、率先实现绿色崛起的发展目标。在沿江省份中，湖北省率先实施《湖北长江经济带生态保护和绿色发展总体规划》，配套编制实施生态环境保护、综合立体绿色交通走廊建设、产业绿色发展、绿色宜居城镇建设、文化建设5部专项规划，构建了“1+5+N”的规划体系，从源头上立起生态优先的“规矩”。

湖北省坚持系统谋划、整体施策，实施长江大保护十大标志性战役和长江经济带绿色发展十大战略性举措，协调推进长江经济带高质量发展。湖北省人大在全国率先出台《推进长江经济带生态保护和绿色发展的决定》，为“依法治江”提供法治保障。“十四五”初期，湖北省接续启动长江保护十大战役“升级版”，全面部署水污染防治工作，推动全省水环境持续改善。截至2022年9月，湖北省累计完成443家沿江化工企业“关改搬转”，取缔长江干线各类非法码头1211个，取缔汉江干线各类非法码头576个，关停神农架等自然保护区内水电站111座；在全国率先实施长江“十年禁渔”，全省83个水生生物保护区实施全面禁捕，回收或拆解渔船3.42万艘，2.35万名上岸渔民全部得到妥善安置；关停搬迁禁养区畜禽养殖场（户）1.28万家，拆除围栏围网养殖127.6万亩；立案查处各类非法采砂案件1858件，移送非法采砂入刑案件192起；建成城市生活垃圾无害化处理设施156座，全省所有社区和乡村实现垃圾中转站全覆盖，全省2853艘400总吨及以上船舶污染防治设施改造全部完成；实现留白增绿腾退长江岸线149.8千米，生态复绿面积856万平方米，累计完成造林绿化84.2万亩，长江干流湖北段Ⅱ类水质占比从2012年的33.3%上升至2017年的50%、2019年的100%。

（三）老字号品牌升腾烟火味道

一方水土养一方人。沃野千里的江汉平原，连绵起伏的丘陵山地，层峦叠嶂的广大山区，水草丰茂的湖泊河流，孕育了荆楚大地上的丰硕资源。湖北省以极具特色的资源优势打造了彰显历史价值的老字号品牌。老字号是在历史中孕育的“金字招牌”，拥有世代传承的独特产品、技艺和服务，具有鲜明的中华优秀传统文化特色和深厚的历史文化底蕴，其不仅是一种商贸景观，也是一个地区的亮丽印记，具有特殊的品牌价值、经济价值和文化价值。时至今日，老字号已成为百姓生活中“日用而不觉”的一部分。

为满足人民美好生活需要，湖北省人民政府、湖北省商务厅秉持保护、传承和振兴老字号的原则，不断做强湖北老字号。近年来，湖北省商务厅围绕创建中华老字号和培育湖北老字号等工作，先后推荐了三批中华老字号，认定了四批湖北老字号。蔡林记、武汉精益、德华楼等35家品牌被商务部认定为中华老字号，蔡林记、石花、金龙泉等118个品牌被认定为湖北老字号。2022年8月，湖北省商务厅等七部门印发了《关于促进老字号创新发展的实施意见》，提出推动老字号传承保护与创新发展：组织有关老字号企业积极参加商务部老字号数字博物馆湖北馆和企业馆建设；利用省级市场体系建设资金，对老字号企业实施线上线下融合发展和品牌宣传推广等给予一次性资金补助。老字号对湖北省经济的贡献度不断提升。

近年来，湖北省多部门加大对老字号发展的支持力度。湖北省贯彻商务部等五部门印发的《中华老字号示范创建管理办法》，从历史文化深厚、经营管理规范、创新发展能力三个方面突出“优中选优”“动态管理”，设计量化的认定指标，把真正的好品牌找出来。2022 年，武汉市为老字号企业提供政策扶持资金 960 万元，为 32 家企业提供融资帮扶贷款 3000 余万元。平台企业也发挥自身数字化优势，为老字号持续提供线上渠道支持，加快老字号餐饮业复苏、复兴。

伴随着升腾的烟火气，武汉的老字号声名斐然。老字号的优势在于“老”，老品牌、老技艺，好信誉、好名声。但老字号曾经的不足，一定程度上也源于“老”，特别是在年轻群体中其被接受程度不够高，难以满足当前消费升级和时代发展需要。为了适应年轻化、网络化、多样化的消费需求，武汉德华楼餐饮管理有限公司（以下简称德华楼）通过线上平台对接新零售，推出方便快捷的速冻、即食产品。新冠疫情期间，德华楼注重数字化运营，借助互联网平台推广武汉的“老字号”味道，这一举动不仅打开了国内市场，使店内客流量激增，还使其产品畅销海外，获得国际友人对中华老字号餐饮品牌的赞赏。

第五章

为强国建设和民族复兴贡献荆楚品牌力量

近年来，随着新型城镇化战略向纵深推进，我国城市的品牌化发展稳步推进。城市进一步摆脱无序开发模式，进入追求高质量发展的阶段。面对新的国际形势和国内发展阶段，如何推动城市品牌与区域发展及对外开放的良性互动、不断提升城市品牌影响力，成为城市治理的重要议题。推进品牌建设是推动湖北高质量发展和创造高品质生活的有力支撑。站在全面建设社会主义现代化国家、全面推进中华民族伟大复兴的历史新起点上，站在中部地区崛起的重要战略支点上，湖北省品牌建设和发展迎来难得的机遇。

湖北省发布《省人民政府办公厅关于新时代推进品牌建设的实施意见》（以下简称《实施意见》），绘制湖北省开展品牌建设的宏伟蓝图，围绕“三高地两基地”（全国科技创新高地、制造强国高地、全国数字经济高地，全国现代化农业基地和服务业基地），引导企业加强品牌建设，培育产业和区域品牌，优化提升品牌服务，营造品牌发展良好环境，持续扩大湖北品牌影响力，不断推动湖北品牌建设迈上新台阶。

《实施意见》从构建品牌机制、发挥品牌作用、形成品牌体系、提升品牌影响力等方面明确了湖北品牌建设的发展目标，对有效注册商标总量，国际商标注册总量，有效地理标志注册总量，主导制订国际标准项数，主导和参与制修订国家标准项数、行业标准项数等与品牌建设相关的指标提出了量化要求；对品牌经济占全省经济比重、入围中国最具价值品牌 500 强的湖北品牌总数、获得中国质量奖（含提名奖）总数、获长江质量奖企业（组织）总数、“湖北精品”培育认定总数等品牌以评促建指标提出了量化目标；对 2035 年湖北品牌建设在品牌经济、品牌体系、综合实力等方面进行了规划（见表 5–1）。

表5–1 新时代湖北品牌建设发展目标

到2025年发展目标		
综合指标	构建品牌机制	品牌创建培育提升机制基本建立
	发挥品牌作用	品牌对产业提升、区域经济发展、一流企业创建的引领作用更加凸显
	形成品牌体系	基本形成省级、国家级梯次进位的品牌体系
	提升品牌影响力	湖北品牌的知名度、美誉度和创新力、影响力显著增强
量化指标	有效注册商标总量	100万件以上
	国际商标注册总量	600件以上
	有效地理标志注册总量	600件以上
	主导制定国际标准总量	20项以上
	主导和参与制修订国家标准、行业标准	3800项以上
	品牌经济占全省经济比重	60%以上
	入围中国最具价值品牌500强的湖北品牌	25个以上
	获得中国质量奖（含提名奖）总数	20项以上
	获长江质量奖企业（组织）总数	80家以上
	获得“湖北精品”培育认定总数	300家以上
到2035年发展目标		
发展要求	品牌经济	品牌经济成为推动湖北高质量发展和创造高品质生活的有力支撑
	品牌体系	形成一批质量卓越、优势明显、拥有自主知识产权的企业品牌、产业品牌、区域品牌，布局合理、竞争力强、充满活力的品牌体系全面形成
	综合实力	湖北品牌综合实力进入全国前列

资料来源：本书编写组整理。

结合《湖北省国民经济和社会发展第十四个五年规划和二〇三五年远景目标纲要》对“十四五”时期湖北省经济社会发展主要目标和主要指标的描述，结合对发达国家和先进地区品牌经济和品牌建设发展经验的长期观察，在湖北省经济发展、创新驱动、民生福祉、绿色生态、安全保障等方面的指标全面提升的驱动下，湖北品牌建设将进入从规模驱动到创新引领、从外延式扩张到内涵式增长、从产品功能创新到服务价值引领、从区域品牌做强到全球品牌融入、从满足供需适配到创造供需引领的全新发展阶段。湖北品牌展现出自立自强、和谐发展、生态引领、内外循环、美好示范的整体形象，打造出一个贯彻创新、协调、绿色、开放、共享的新发展理念的湖北品牌生态体系，将成为贯彻“推动中国速度向中国质量转变、中国制造向中国创造转变、中国产品向中国品牌转变”重要指示的创新实践新高地。

一、自立自强——创新发展的湖北品牌

创新是一个民族的灵魂，也是一座城市的灵魂，创新对城市品牌的影响力具有引领作用。它不仅可以直接转化为现实生产力，而且可以通过科技的渗透作用提高全要素生产率，促进产业结构升级与资源的进一步优化配置，推动城市科技创新、催生现代产业，以引领业态升级为出发点，持续夯实创新基础、完善创新体系、壮大创新主体、构建创新生态，加快构建科技创新生态体系，提高城市经济整体产出实力，带动城市经济的协调和可持续发展，扩大城市的品牌影响力。

（一）品牌发展创新基础更加雄厚

围绕增强创新驱动，根据《湖北省国民经济和社会发展第十四个五年规划和二〇三五年远景目标纲要》对“十四五”时期湖北省经济社会发展主要目标和主要指标的描述，“十四五”期间湖北省科技创新目标为全社会研发经费投入增长大于7%，每万人口高价值发明专利拥有量达到8件，数字经济核心产业增加值占地区生产总值比重达到10%。研发经费投入的持续增长将为品牌建设提供更多的发展动能，专利发明数量的增长将不断丰富品牌核心资产的内涵，数字经济核心产业增加值占地区生产总值比重的增长将为构建全面数字引领的品牌发展模式提供有力支撑。

（二）品牌发展创新主体日益强大

湖北省统筹在鄂央企、地方国企和民营企业协同发展，推动引入外地品牌与本地品牌同步提升，通过全面落实市场准入负面清单制度，开展公平竞争审查，清理取消资质许可、政府采购、招投标等方面的差别化待遇，各类企业特别是民营企业参与制定重大涉企政策的工作机制日益健全。在建设农业强省、制造强省、建造强省、服务强省的过程中，各类型创新主体不断发挥优势特长，各类型企业家相互借鉴、共同进步，有情怀、有梦想、有作为的新时代楚商为湖北品牌发展提供了创新动能。

（三）品牌发展创新生态持续优化

支持各地围绕区域优势特色产业，推动生产要素优化整合和产业结构调整，进一步巩固提升“世界光谷”“商用车之都”等市（州、林区）特色产业名片影响力，打造一批产业名城。制定“湖北精品”认定管理办法，认定推广“湖北精品”，鼓励企业在重大装备和重点工程中使用“湖北精品”。获得“湖北精品”认定的企业，在境外商标注册、境外展览项目等方面可享受相关资金扶持。大力激活老字号，健全老字号保护、传承、创新、发展长效机制，支持老字号企业深入挖掘传统文化和独特技艺，嫁接新技术与新场景，研发符合现代消费理念的产品。开展老字号保护发展行动，完善老字号名录，举办“老字号嘉年华”等活动，推动老字号数字博物馆建设，支持蔡林记、马应龙等老字号打造文化特色鲜明、品牌信誉高、市场竞争力强的品牌企业。

二、发展和谐——协调发展的湖北品牌

湖北品牌建设已初步形成区域品牌、集群品牌、企业品牌和产品品牌协调发展的品牌体系，并已经具备一定的规模优势。根据《湖北省国民经济和社会发展第十四个五年规划和二〇三五年远景目标纲要》对“坚持系统观念，强化前瞻性思考、全局性谋划、战略性布局、整体性推进，着力固根基、扬优势、补短板、强弱项，注重防范化解重大风险挑战，实现发展质量、结构、规模、速度、效益、安全相统一”基本原则的要求，湖北品牌体系将从初步构型向系统优化逐步升级，区域品牌、集群品牌、企业品牌和产品品牌的内部关系更加协调，相互赋能更加高效，整体与局部的关系更加和谐。特别是在湖北省大力推动数字经济发展的政策驱动下，数字技术在构建湖北品牌体系过程中的作用更加系统、更加多元、更加立体，品牌数字化管理的应用已是大势所趋，并逐步形成政府引领、行业助力、企业参与、资本支持的综合性品牌服务平台。

（一）制造品牌数字基因更加强大

在更大范围、更深层次的科技革命和产业变革中，互联网、大数据、

人工智能等数字技术不断突破，数字经济蓬勃发展，成为全球经济增长新动能。从全国范围来看，信息技术与实体经济加速融合，数字产业化规模不断壮大，产业数字化转型步伐加快，数字经济已经成为驱动我国经济高质量发展的核心关键力量。

以完善工业互联网标识解析体系、提升工业互联网标识解析国家顶级节点（武汉）服务能力、引导二级节点加快建设和运营推广、打造行业领先的标识解析标杆应用为代表的湖北工业互联网平台体系初步形成，为“湖北制造”区域品牌发展注入数字基因。

湖北省形成了一批以汽车、钢铁、电子信息、装备制造、特色化工、食品加工为代表的传统集群品牌；通过“上云用数赋智”行动推动工业企业数字化转型的成效更加显著；以品牌为引领打造制造业产业链协同平台，引导推动系统集成企业、本体及零部件制造企业、装备制造企业协同发展。

“湖北建造”品牌更具数字化优势，大量数字化、智能化建造技术促进了数字技术与建筑业的深度融合，国家数字建造技术创新中心和湖北省智能建造科技创新联合体成为引领“湖北建造”品牌建设的新力量。

（二）特色高效智慧农业蓬勃发展

随着对农业品牌的培育和管理加速迭代，湖北进入全景数字化管理的时代，数字化技术在服务休闲农业，促进民宿经济、景观农业、休闲康养、农耕文化体验等乡村旅游新业态中发挥更突出的作用。农业经营主体与电商企业联动更加频繁，社区团购、直播电商等新业态从推动农产品销售向推动田园生活方式升级方向发展；农产品生产标准化、电子标识化、可追溯化为农业品牌建设奠定了可持续发展的基础，形成了一套从农田到餐桌的品牌安全保障体系。

（三）服务业与人工智能融合加速

以平台经济、知识经济、体验经济、流量经济为代表的平台型服务企业运用大数据、云计算、区块链、人工智能等数字技术不断开展集成创新，新业态、新模式层出不穷。特别是以人工智能为代表的先进数字服务业与先进制造业、消费品工业、农业实现加速融合，线上互动、精准营销与线下体验、实体配送相结合，不断提升生活服务业产品供给水平，丰富人民群众的物质文化生活。数字文化与电商、网络直播、短视频等新业态新模式相结合，旅游直播、旅游带货等线上内容生产新模式持续涌现。实体机器人广泛应用于线下品牌服务场景，引入人工智能生成内容（AIGC[①]）技术拓展品牌服务的智慧场景，精准推送更加个性化并实现对需求的引导而非干扰；虚拟现实（VR）技术开始引领新型电商直播。中国（湖北）自由贸易试验区、中国（武汉）跨境电子商务综合试验区等的设立，为跨境电商发展提供有力支撑；武汉、宜昌、襄阳、鄂州、十堰和恩施等市（州）围绕国家级物流枢纽建设，不断提升区域品牌竞争力。

三、生态优先——绿色发展的湖北品牌

绿色发展是实现生产发展、生活富裕、生态良好的文明发展道路的历史选择，是通往人与自然和谐境界的必由之路。坚持走生态优先、绿色发展之路，实现人的美好生活与城市高质量发展有机统一，是满足人民日益

① AIGC指利用人工智能技术来生成内容。AIGC也被认为是继用户生成内容（UGC）、专业生产内容（PGC）之后的新型内容生产方式，AI绘画、AI写作等都属于AIGC的分支。

增长的优美生态环境需要的有效途径。

（一）打造更具魅力的绿水青山区域品牌

在统筹山水林田湖草丰富多样的生态要素，构建全方位保护、全流域修复、全社会参与的长江生态共同体的建设驱动下，湖北省品牌建设更加坚定绿色低碳循环发展理念，持续对传统产业实施绿色化改造，大力发展循环农业，加强绿色食品、有机农产品生产工作，培育地方知名农产品品牌，增加“两品一标”[①]绿色含量。在对生态敏感区、生态系统脆弱的地区进行修复的过程中，更注重采用区域品牌建设的思维，打造区域发展新亮点，统筹山水林田湖草生态保护修复，提升区域生态系统质量并完善其功能，实现从牺牲生态、保护生态到创造生态的价值转变。

（二）加快低碳转型，“金山银山”质量更高

在全面推进绿色低碳转型的过程中，武汉、宜昌、荆门建设全国废旧物资循环利用体系，成为新的品牌亮点；黄冈作为新能源示范城市的产业溢出效应显著增强；围绕绿色品牌建设，生态保护补偿、生态价值转化、生态环境共建等方面的制度创新成果不断涌现，湖北省品牌建设走出一条创新绿色生产生活方式，护美绿水青山，做大金山银山，走好生态高颜值、生产高价值、生活高品质的发展新路。湖北加快培育兼具国际影响力和国内影响力的绿色产业集群，打造长江经济带的绿色科技创新支点、高质量发展动力源和绿色发展重要增长极。

---

① “两品一标”指绿色食品、有机农产品和农产品地理标志。

四、内外循环——开放发展的湖北品牌

在以国内大循环为主体、国内国际双循环相互促进的新发展格局下，城市积极培育国际经济合作和竞争新优势，实行更高水平开放，是城市经济升级的前行方向，更是推动城市高质量发展的必由之路。湖北省在发展过程中要提升对外开放水平，营造市场化、法治化、国际化营商环境，保障市场主体公平有序竞争，鼓励企业积极参与全球经济竞争与合作，有效畅通国内国际双循环，打造新时代对外开放新天地。

（一）区域品牌建设形成多极支撑态势

紧扣高质量和一体化两个关键词，统筹城乡区域和资源环境，构建各尽所能、各展所长、优势互补、互促共进的区域发展格局。抓住建设全国统一大市场、畅通国内大循环的重要节点，充分发挥都市圈和中心城市的辐射引领作用，带动周边城市发展，加快“布点、串线、扩面”，着力构建面向全球市场和增量需求的“通道 + 枢纽 + 网络”的高效、便捷、畅通的综合运输体系，将湖北省打造成为国内大循环的重要节点。湖北省应以武汉市为中心打造 4 条对外开放重要通道，打造立足中部地区、辐射全国、面向全球的重要航空物流集散地，打造国内国际双循环的战略链接。

（二）品牌建设融入内陆开放“新沿海”

在实施更大范围、更宽领域、更深层次对外开放，以及在服务和融入“双循环”中加快建设内陆开放新高地的过程中，湖北省逐步形成先进制造、现代服务、基础设施等领域吸引外资的“新沿海”。

湖北省制度型开放推进力度不断加大。全面落实外商投资准入前国民待遇加负面清单管理制度，中国（湖北）自由贸易试验区、湖北省综合保税区、中国（武汉）跨境电子商务综合试验区等开放平台制度建设对产业发展的支撑力度不断增强，营商环境国际化水平不断提高。

五、责任担当——共享发展的湖北品牌

党的二十大报告指出，维护人民根本利益，增进民生福祉，不断实现发展为了人民、发展依靠人民、发展成果由人民共享，让现代化建设成果更多更公平惠及全体人民。在过去“盼温饱”、现在“盼环保”，过去“求生存”、现在“求生态”的转变过程中，湖北省品牌建设的任务正在面临新的挑战，人民群众对干净的水、清新的空气、安全的食品、优美的环境的要求越来越高，湖北省推动品牌建设在理念、愿景和价值观层面进入一个全面升级的战略机遇期。

（一）品牌建设优势不断共享

在整体推动品牌强省建设的过程中，湖北省品牌建设更加积极融入中部地区崛起战略，政策利好、区位优势和时代机遇叠加，外溢效应不断显现。通过一系列的成功示范和品牌选树活动，湖北省品牌建设的传统优势在传承中不断创新，新兴优势在数字化引领下得到强化。越来越多的湖北品牌更加注重挖掘和培育优势资源，更加重视品牌合规建设，更加擅长品牌创意产出，更加关注品牌保护，在品牌资产开发、品牌价值转化、品牌安全统筹等重点领域不断创新模式、拓展思维、大胆实践。

（二）品牌建设资源不断共享

随着湖北省品牌发展生态体系的逐步优化，政治、经济、社会、文化和生态各维度的品牌建设日渐形象化、具体化，资源利用更加高效。随着各类型品牌综合服务平台的建成，政策资源、金融资源、传播资源、智力资源、知识产权保护、品牌法律援助等渐渐融入企业品牌生命周期，并从后置服务向预警前置转型，品牌建设资源的共享机制逐渐围绕品牌生命周期进行完善，企业品牌建设的一站式服务成为集聚新一轮招商引资力量、实现湖北自主品牌跨越式发展的坚实基础。

（三）品牌建设成果不断共享

推进品牌建设工作需要品牌生态体系各参与方共同发挥作用。随着湖北品牌经济不断发展，品牌生态体系各参与方对品牌成果的共享机制建设也表现出不同的诉求，区域品牌建设成果对区域内社会经济发展能级的提升、集群品牌建设成果对企业和产品溢价能力的支撑、企业品牌建设对用户和利益相关方诉求的满足，成为湖北省品牌建设需关注的重要问题。在《关于中央企业履行社会责任的指导意见》、国务院国资委要求央企控股公司规范编制环境、社会和公司治理（ESG）专项报告等制度的规范化引领下，湖北更注重将品牌建设成果与社会经济发展的重大战略、重要需求进行融合。越来越多的企业将自身的业务实践与践行国家战略、增进民生福祉相结合，在政府的积极引导下，越来越多的企业将品牌建设的成果重新投入到为人民提供更好的教育、更稳定的工作、更满意的收入、更可靠的社会保障、更高水平的医疗卫生服务、更舒适的居住条件、更优美的环境等项目中来，在促进品牌建设成果更多更公平惠及全省人民的同时，不断充实和丰富湖北品牌的责任内涵。

第六章

城市品牌发展成果

一、武汉市品牌发展成果概览

截至2023年底，武汉市累计出台品牌建设相关重要政策文件6部，产品品牌形成有效注册商标509832个，形成企业品牌建设成果474个、集群品牌建设成果8个、区域品牌建设成果135个。具体阶段性成果见表6–1、表6–2。

表6–1　武汉市品牌建设重要政策文件

文件名称	发文单位	发布时间
《关于实施商标品牌战略促进经济发展的若干意见》	武汉市人民政府办公厅	2007.12
《武汉市质量品牌提升行动计划（2017 2020年）》	武汉市人民政府办公厅	2017.01
《关于发挥品牌引领作用 推动全市供需结构升级的意见》	武汉市人民政府办公厅	2017.11
《做响“武汉制造”品牌三年行动计划（2021—2023年）》	武汉市人民政府办公厅	2021.10
《武汉市推进国家知识产权强市建设示范城市建设工作方案（2022—2025年）》	武汉市人民政府办公厅	2022.11
《关于激发市场主体活力推动经济高质量发展政策措施的通知》	武汉市人民政府	2023.02

资料来源：本书编写组整理。

表6-2 武汉市品牌建设主要成果

·产品品牌

指标	数量（个）	全省总数（个）	全省占比（%）	全国总数（个）	全国占比（%）
商标申请	88815	199755	44.46	7304407	1.22
商标注册	70022	111746	62.66	6001698	1.17
有效注册商标	509832	1048187	48.64	40642099	1.25
获批保护地理标志产品	8	165	4.85	2508	0.32

·企业品牌

类型	项目	数量
综合实力	《财富》世界500强	1（家）
	中国企业500强	9（家）
	中国服务业企业500强	12（家）
	中国银行业100强	3（家）
	中国证券公司总资产排名前50	2（家）
	上市公司（截至2024年）	79（家）
质量提升	中国质量奖（截至第五批）	1（项）
	中国质量奖提名奖（截至第五批）	10（项）
	全国质量标杆企业	3（家）
科技创新	国家企业技术中心（截至第30批）	50（处）
	全国制造业单项冠军示范企业（第八批）	4（家）
文化传承	中华老字号（2023）	20（个）
	湖北老字号（2022）	32（个）
品牌价值	世界品牌500强（2023）	1（家）
	中国品牌500强（2023）	6（家）
	湖北省优势商标（2024）	147（件）
	湖北省驰名商标（2024）	94（件）

续表

·集群品牌	
工业和信息化部先进制造业集群决赛优胜者	武汉市光电子信息集群 “武襄十随”汽车集群
工业和信息化部中小企业特色产业集群	武汉市东西湖区网络安全产业集群 武汉市洪山区光通信设备及光电子器件制造产业集群 武汉市江夏区汽车零部件产业集群
科技部国家创新型产业集群	武汉东湖高新区新型电子元器件及设备制造创新型产业集群 武汉东湖高新区国家地球空间信息及应用服务创新型产业集群
科技部国家火炬产业基地	国家火炬计划武汉阳逻钢结构特色产业基地

·区域品牌

培育方向	品牌称号	全省总数	数量
旅游	世界自然遗产	1（处）	0（处）
	国家级旅游休闲街区	5（个）	1（个）
	5A级景区	14（家）	3（家）
	4A级景区	196（家）	24（家）
	国家级旅游度假区	3（个）	1（个）
农业	获批保护地标产品	165（个）	8（个）
	累计注册地标商标	532（件）	41（件）
	重要农业文化遗产	5（处）	0（处）
	乡村旅游重点村	52（个）	5（个）
文化	世界文化遗产	3（处）	0（处）
	国家级文化生态保护（实验）区	1（个）	0（个）
	国家历史文化名城	5（座）	1（座）
	国家历史文化名镇	13（个）	0（个）
	国家历史文化名村	15（个）	1（个）
	中国历史文化街区	1（个）	1（个）

续表

公共服务	酒店（五星级）	22（家）	16（家）
	医院（三甲）	78（家）	26（家）
	大学（双一流）	7（所）	7（所）

注：由于有些品牌是各市（州、林区）联合申报，故各市（州、林区）品牌加总数量可能不等于全省品牌总数。下同。

资料来源：本书编写组整理。

二、黄石市品牌发展成果概览

截至2023年底，黄石市累计出台品牌建设相关重要政策文件6部，产品品牌形成有效注册商标23403个，形成企业品牌建设成果85个、集群品牌建设成果5个、区域品牌建设成果33个。具体阶段性成果见表6–3、表6–4。

表6–3　黄石市品牌建设重要政策文件

文件名称	发文单位	发布时间
《关于实施商标战略促进经济跨越发展的意见》	黄石市人民政府	2012.11
《关于修改〈关于实施商标战略促进经济跨越发展的意见〉的决定》	黄石市人民政府办公室	2018.04
《关于加快知识产权强市建设的实施意见》	黄石市人民政府办公室	2018.06
《关于修订〈关于加快知识产权强市建设的实施意见〉的通知》	黄石市人民政府办公室	2019.10
《黄石市国民经济和社会发展第十四个五年规划和二〇三五年远景目标纲要》	黄石市人民政府	2021.04
《黄石市加快推进知识产权强市建设若干政策》	黄石市人民政府	2022.12

资料来源：本书编写组整理。

表6–4　黄石市品牌建设主要成果

· 产品品牌

指标	数量（个）	全省总数（个）	全省占比（%）	全国总数（个）	全国占比（%）
商标申请	4905	199755	2.46	7304407	0.07
商标注册	2843	111746	2.54	6001698	0.05
有效注册商标	23403	1048187	2.23	40642099	0.06
获批保护地理标志产品	2	165	1.21	2508	0.08

· 企业品牌

类型	项目	数量
综合实力	《财富》世界500强	0（家）
	中国企业500强	1（家）
	中国服务业企业500强	0（家）
	中国银行业100强	0（家）
	中国证券公司总资产排名前50	0（家）
	上市公司（截至2024年）	7（家）
质量提升	中国质量奖（截至第五批）	0（项）
	中国质量奖提名奖（截至第五批）	0（项）
	全国质量标杆企业	2（家）
科技创新	国家企业技术中心（截至第30批）	4（处）
	全国制造业单项冠军示范企业（第八批）	1（家）
文化传承	中华老字号（2023）	2（个）
	湖北老字号（2022）	4（个）
品牌价值	世界品牌500强（2023）	0（家）
	中国品牌500强（2023）	1（家）
	湖北省优势商标（2024）	45（件）
	湖北省驰名商标（2024）	18（件）

续表

·集群品牌	
工业和信息化部先进制造业集群决赛优胜者	—
工业和信息化部中小企业特色产业集群	黄石市下陆区电子电路铜箔产业集群
科技部国家创新型产业集群	黄石先进电子元器件创新型产业集群 黄石大冶湖高新区高效节能装备制造创新型产业集群
科技部国家火炬产业基地	国家火炬黄石阳新化学原料药及制剂特色产业基地 国家火炬黄石下陆大宗固体废弃物综合利用特色产业基地

·区域品牌

培育方向	品牌称号	全省总数	数量
旅游	世界自然遗产	1（处）	0（处）
	国家级旅游休闲街区	5（个）	0（个）
	5A级景区	14（家）	0（家）
	4A级景区	196（家）	5（家）
	国家级旅游度假区	3（个）	0（个）
农业	获批保护地标产品	165（个）	2（个）
	累计注册地标商标	532（件）	14（件）
	重要农业文化遗产	5（处）	0（处）
	乡村旅游重点村	52（个）	3（个）
文化	世界文化遗产	3（处）	0（处）
	国家级文化生态保护（实验）区	1（个）	0（个）
	国家历史文化名城	5（座）	0（座）
	国家历史文化名镇	13（个）	1（个）
	国家历史文化名村	15（个）	4（个）
	中国历史文化街区	1（个）	0（个）
公共服务	酒店（五星级）	22（家）	0（家）
	医院（三甲）	78（家）	4（家）
	大学（双一流）	7（所）	0（所）

资料来源：本书编写组整理。

三、十堰市品牌发展成果概览

截至2023年底，十堰市累计出台品牌建设相关重要政策文件3部，产品品牌形成有效注册商标34515个，形成企业品牌建设成果93个、集群品牌建设成果4个、区域品牌建设成果103个。具体阶段性成果见表6–5、表6–6。

表6–5　十堰市品牌建设重要政策文件

文件名称	发文单位	发布时间
《关于进一步推进商标战略实施促进经济发展的意见》	十堰市人民政府	2013.03
《关于建立十堰市品牌强市建设联席会议制度的通知》	十堰市人民政府办公室	2015.06
《关于发挥品牌引领作用 推动供需结构升级的实施意见》	十堰市人民政府办公室	2017.03

资料来源：本书编写组整理。

表6–6　十堰市品牌建设主要成果

· 产品品牌

指标	数量（个）	全省总数（个）	全省占比（%）	全国总数（个）	全国占比（%）
商标申请	7944	199755	3.98	7304407	0.11
商标注册	4260	111746	3.81	6001698	0.07
有效注册商标	34515	1048187	3.29	40642099	0.08
获批保护地理标志产品	27	165	16.36	2508	1.08

续表

· 企业品牌

类型	项目	数量
综合实力	《财富》世界500强	0（家）
	中国企业500强	0（家）
	中国服务业企业500强	0（家）
	中国银行业100强	0（家）
	中国证券公司总资产排名前50	0（家）
	上市公司（截至2024年）	5（家）
质量提升	中国质量奖（截至第五批）	0（项）
	中国质量奖提名奖（截至第五批）	0（项）
	全国质量标杆企业	1（家）
科技创新	国家企业技术中心（截至第30批）	3（处）
	全国制造业单项冠军示范企业（第八批）	0（家）
文化传承	中华老字号（2023）	1（个）
	湖北老字号（2022）	9（个）
品牌价值	世界品牌500强（2023）	0（家）
	中国品牌500强（2023）	0（家）
	湖北省优势商标（2024）	58（件）
	湖北省驰名商标（2024）	16（件）

· 集群品牌

工业和信息化部先进制造业集群决赛优胜者	“武襄十随”汽车集群
工业和信息化部中小企业特色产业集群	十堰市茅箭区商用车制造产业集群
科技部国家创新型产业集群	十堰商用车及关键零部件产业集群
科技部国家火炬产业基地	国家火炬十堰张湾汽车智能装备及零部件特色产业基地

续表

·区域品牌			
培育方向	品牌称号	全省总数	数量
旅游	世界自然遗产	1（处）	0（处）
	国家级旅游休闲街区	5（个）	1（个）
	5A级景区	14（家）	1（家）
	4A级景区	196（家）	22（家）
	国家级旅游度假区	3（个）	1（个）
农业	获批保护地标产品	165（个）	27（个）
	累计注册地标商标	532（件）	37（件）
	重要农业文化遗产	5（处）	0（处）
	乡村旅游重点村	52（个）	6（个）
文化	世界文化遗产	3（处）	1（处）
	国家级文化生态保护（实验）区	1（个）	0（个）
	国家历史文化名城	5（座）	0（座）
	国家历史文化名镇	13（个）	1（个）
	国家历史文化名村	15（个）	0（个）
	中国历史文化街区	1（个）	0（个）
公共服务	酒店（五星级）	22（家）	1（家）
	医院（三甲）	78（家）	5（家）
	大学（双一流）	7（所）	0（所）

资料来源：本书编写组整理。

四、宜昌市品牌发展成果概览

截至2023年底，宜昌市累计出台品牌建设相关重要政策文件3部，产品品牌形成有效注册商标59946个，形成企业品牌建设成果215个、区域品牌建设成果139个。具体阶段性成果见表6–7、表6–8。

表6-7　宜昌市品牌建设重要政策文件

文件名称	发文单位	发布时间
《关于进一步加快发展品牌经济的意见》	宜昌市人民政府办公室	2015.03
《关于发挥品牌引领作用 推动供需结构升级的实施意见》	宜昌市人民政府办公室	2018.05
《宜昌市国民经济和社会发展第十四个五年规划和二〇三五年远景目标纲要》	宜昌市发展改革委	2021.06

资料来源：本书编写组整理。

表6-8　宜昌市品牌建设主要成果

· 产品品牌

指标	数量（个）	全省总数（个）	全省占比（%）	全国总数（个）	全国占比（%）
商标申请	12070	199755	6.04	7304407	0.17
商标注册	6840	111746	6.12	6001698	0.11
有效注册商标	59946	1048187	5.72	40642099	0.15
获批保护地理标志产品	7	165	4.24	2508	0.28

· 企业品牌

类型	项目	数量
综合实力	《财富》世界500强	0（家）
	中国企业500强	3（家）
	中国服务业企业500强	0（家）
	中国银行业100强	0（家）
	中国证券公司总资产排名前50	0（家）
	上市公司（截至2024年）	13（家）
质量提升	中国质量奖（截至第五批）	0（项）
	中国质量奖提名奖（截至第五批）	2（项）
	全国质量标杆企业	1（家）

续表

科技创新	国家企业技术中心（截至第30批）	7（处）
	全国制造业单项冠军示范企业（第八批）	1（家）
文化传承	中华老字号（2023）	3（个）
	湖北老字号（2022）	7（个）
品牌价值	世界品牌500强（2023）	0（家）
	中国品牌500强（2023）	3（家）
	湖北省优势商标（2024）	110（件）
	湖北省驰名商标（2024）	65（件）

· 集群品牌

工业和信息化部先进制造业集群决赛优胜者	—
工业和信息化部中小企业特色产业集群	—
科技部国家创新型产业集群	—
科技部国家火炬产业基地	—

· 区域品牌

培育方向	品牌称号	全省总数	数量
旅游	世界自然遗产	1（处）	0（处）
	国家级旅游休闲街区	5（个）	1（个）
	5A级景区	14（家）	4（家）
	4A级景区	196（家）	24（家）
	国家级旅游度假区	3（个）	0（个）
农业	获批保护地标产品	165（个）	7（个）
	累计注册地标商标	532（件）	82（件）
	重要农业文化遗产	5（处）	1（处）
	乡村旅游重点村	52（个）	9（个）

续表

文化	世界文化遗产	3（处）	0（处）
	国家级文化生态保护（实验）区	1（个）	1（个）
	国家历史文化名城	5（座）	0（座）
	国家历史文化名镇	13（个）	2（个）
	国家历史文化名村	15（个）	0（个）
	中国历史文化街区	1（个）	0（个）
公共服务	酒店（五星级）	22（家）	2（家）
	医院（三甲）	78（家）	6（家）
	大学（双一流）	7（所）	0（所）

资料来源：本书编写组整理。

五、襄阳市品牌发展成果概览

截至2023年底，襄阳市累计出台品牌建设相关重要政策文件3部，产品品牌形成有效注册商标53330个，形成企业品牌建设成果143个、集群品牌建设成果4个、区域品牌建设成果114个。具体阶段性成果见表6-9、表6-10。

表6-9　襄阳市品牌建设重要政策文件

文件名称	发文单位	发布时间
《关于进一步加快服务业发展的若干意见》	襄阳市人民政府	2018.09
《襄阳市国民经济和社会发展第十四个五年规划和二〇三五年远景目标纲要》	襄阳市人民政府	2021.05
《关于印发襄阳市知识产权“十四五”规划的通知》	襄阳市人民政府办公室	2022.10

资料来源：本书编写组整理。

表6-10　襄阳市品牌建设主要成果

· 产品品牌

指标	数量（个）	全省总数（个）	全省占比（%）	全国总数（个）	全国占比（%）
商标申请	10296	199755	5.15	7304407	0.14
商标注册	6287	111746	5.63	6001698	0.10
有效注册商标	53330	1048187	5.09	40642099	0.13
获批保护地理标志产品	6	165	3.64	2508	0.24

· 企业品牌

类型	项目	数量
综合实力	《财富》世界500强	0（家）
	中国企业500强	0（家）
	中国服务业企业500强	0（家）
	中国银行业100强	0（家）
	中国证券公司总资产排名前50	0（家）
	上市公司（截至2024年）	12（家）
质量提升	中国质量奖（截至第五批）	0（项）
	中国质量奖提名奖（截至第五批）	0（项）
	全国质量标杆企业	1（家）
科技创新	国家企业技术中心（截至第30批）	12（处）
	全国制造业单项冠军示范企业（第八批）	2（家）
文化传承	中华老字号（2023）	2（个）
	湖北老字号（2022）	14（个）
品牌价值	世界品牌500强（2023）	0（家）
	中国品牌500强（2023）	0（家）
	湖北省优势商标（2024）	49（件）
	湖北省驰名商标（2024）	51（件）

续表

·集群品牌	
工业和信息化部先进制造业集群决赛优胜者	“武襄十随”汽车集群
工业和信息化部中小企业特色产业集群	谷城县再生钢铁产业集群
科技部国家创新型产业集群	襄阳高新区航空装备制造创新型产业集群 襄阳新能源汽车关键部件创新型产业集群
科技部国家火炬产业基地	—

·区域品牌

培育方向	品牌称号	全省总数	数量
旅游	世界自然遗产	1（处）	0（处）
	国家级旅游休闲街区	5（个）	1（个）
	5A级景区	14（家）	1（家）
	4A级景区	196（家）	12（家）
	国家级旅游度假区	3（个）	0（个）
农业	获批保护地标产品	165（个）	6（个）
	累计注册地标商标	532（件）	83（件）
	重要农业文化遗产	5（处）	0（处）
	乡村旅游重点村	52（个）	5（个）
文化	世界文化遗产	3（处）	0（处）
	国家级文化生态保护（实验）区	1（个）	0（个）
	国家历史文化名城	5（座）	0（座）
	国家历史文化名镇	13（个）	0（个）
	国家历史文化名村	15（个）	2（个）
	中国历史文化街区	1（个）	0（个）
公共服务	酒店（五星级）	22（家）	0（家）
	医院（三甲）	78（家）	4（家）
	大学（双一流）	7（所）	0（所）

资料来源：本书编写组整理。

六、鄂州市品牌发展成果概览

截至 2023 年底，鄂州市累计出台品牌建设相关重要政策文件 2 部，产品品牌形成有效注册商标 10649 个，形成企业品牌建设成果 30 个、区域品牌建设成果 46 个。具体阶段性成果见表 6–11、表 6–12。

表6–11　鄂州市品牌建设重要政策文件

文件名称	发文单位	发布时间
《鄂州市提升制造业质量与品牌行动计划（2016—2025年）》	鄂州市人民政府办公室	2016.01
《鄂州市国民经济和社会发展第十四个五年规划和2035年远景目标纲要》	鄂州市人民政府	2021.05

资料来源：本书编写组整理。

表6–12　鄂州市品牌建设主要成果

· 产品品牌

指标	数量（个）	全省总数（个）	全省占比（%）	全国总数（个）	全国占比（%）
商标申请	1946	199755	0.97	7304407	0.03
商标注册	1078	111746	0.96	6001698	0.02
有效注册商标	10649	1048187	1.02	40642099	0.03
获批保护地理标志产品	0	165	0.00	2508	0.00

续表

· 企业品牌

类型	项目	数量
综合实力	《财富》世界500强	0（家）
	中国企业500强	0（家）
	中国服务业企业500强	0（家）
	中国银行业100强	0（家）
	中国证券公司总资产排名前50	0（家）
	上市公司（截至2024年）	1（家）
质量提升	中国质量奖（截至第五批）	0（项）
	中国质量奖提名奖（截至第五批）	0（项）
	全国质量标杆企业	0（家）
科技创新	国家企业技术中心（截至第30批）	1（处）
	全国制造业单项冠军示范企业（第八批）	1（家）
文化传承	中华老字号（2023）	0（个）
	湖北老字号（2022）	0（个）
品牌价值	世界品牌500强（2023）	0（家）
	中国品牌500强（2023）	0（家）
	湖北省优势商标（2024）	20（件）
	湖北省驰名商标（2024）	7（件）

· 集群品牌

工业和信息化部先进制造业集群决赛优胜者	—
工业和信息化部中小企业特色产业集群	—
科技部国家创新型产业集群	—
科技部国家火炬产业基地	—

续表

· 区域品牌			
培育方向	品牌称号	全省总数	数量
旅游	世界自然遗产	1（处）	0（处）
	国家级旅游休闲街区	5（个）	0（个）
	5A级景区	14（家）	0（家）
	4A级景区	196（家）	4（家）
	国家级旅游度假区	3（个）	0（个）
农业	获批保护地标产品	165（个）	0（个）
	累计注册地标商标	532（件）	37（件）
	重要农业文化遗产	5（处）	0（处）
	乡村旅游重点村	52（个）	2（个）
文化	世界文化遗产	3（处）	0（处）
	国家级文化生态保护（实验）区	1（个）	0（个）
	国家历史文化名城	5（座）	1（座）
	国家历史文化名镇	13（个）	0（个）
	国家历史文化名村	15（个）	0（个）
	中国历史文化街区	1（个）	0（个）
公共服务	酒店（五星级）	22（家）	0（家）
	医院（三甲）	78（家）	2（家）
	大学（双一流）	7（所）	0（所）

资料来源：本书编写组整理。

七、荆门市品牌发展成果概览

截至2023年底，荆门市累计出台品牌建设相关重要政策文件1部，产品品牌形成有效注册商标23587个，形成企业品牌建设成果89个、集群品牌建设成果3个、区域品牌建设成果43个。具体阶段性成果见表6–13、表6–14。

表6-13　荆门市品牌建设重要政策文件

文件名称	发文单位	发布时间
《荆门市国民经济和社会发展第十四个五年规划和2035年远景目标纲要》	荆门市人民政府	2021.04

资料来源：本书编写组整理。

表6-14　荆门市品牌建设主要成果

· 产品品牌

指标	数量（个）	全省总数（个）	全省占比（%）	全国总数（个）	全国占比（%）
商标申请	4147	199755	2.08	7304407	0.06
商标注册	2829	111746	2.53	6001698	0.05
有效注册商标	23587	1048187	2.25	40642099	0.06
获批保护地理标志产品	3	165	1.82	2508	0.12

· 企业品牌

类型	项目	数量
综合实力	《财富》世界500强	0（家）
	中国企业500强	0（家）
	中国服务业企业500强	0（家）
	中国银行业100强	0（家）
	中国证券公司总资产排名前50	0（家）
	上市公司（截至2024年）	6（家）
质量提升	中国质量奖（截至第五批）	0（项）
	中国质量奖提名奖（截至第五批）	0（项）
	全国质量标杆企业	0（家）
科技创新	国家企业技术中心（截至第30批）	1（处）
	全国制造业单项冠军示范企业（第八批）	2（家）
文化传承	中华老字号（2023）	0（个）
	湖北老字号（2022）	10（个）

续表

品牌价值	世界品牌500强（2023）	0（家）
	中国品牌500强（2023）	0（家）
	湖北省优势商标（2024）	55（件）
	湖北省驰名商标（2024）	15（件）

· 集群品牌

工业和信息化部先进制造业集群决赛优胜者	—
工业和信息化部中小企业特色产业集群	荆门市掇刀区新能源动力电池产业集群
科技部国家创新型产业集群	荆门城市矿产资源循环利用创新型产业集群
科技部国家火炬产业基地	国家火炬荆门高新区动力电池特色产业基地

· 区域品牌

培育方向	品牌称号	全省总数	数量
旅游	世界自然遗产	1（处）	0（处）
	国家级旅游休闲街区	5（个）	0（个）
	5A级景区	14（家）	0（家）
	4A级景区	196（家）	10（家）
	国家级旅游度假区	3（个）	0（个）
农业	获批保护地标产品	165（个）	3（个）
	累计注册地标商标	532（件）	18（件）
	重要农业文化遗产	5（处）	1（处）
	乡村旅游重点村	52（个）	3（个）
文化	世界文化遗产	3（处）	1（处）
	国家级文化生态保护（实验）区	1（个）	0（个）
	国家历史文化名城	5（座）	1（座）
	国家历史文化名镇	13（个）	1（个）
	国家历史文化名村	15（个）	0（个）
	中国历史文化街区	1（个）	0（个）

续表

公共服务	酒店（五星级）	22（家）	0（家）
	医院（三甲）	78（家）	5（家）
	大学（双一流）	7（所）	0（所）

资料来源：本书编写组整理。

八、孝感市品牌发展成果概览

截至2023年底，孝感市累计出台品牌建设相关重要政策文件3部，产品品牌形成有效注册商标47727个，形成企业品牌建设成果96个、集群品牌建设成果3个、区域品牌建设成果58个。具体阶段性成果见表6–15、表6–16。

表6–15　孝感市品牌建设重要政策文件

文件名称	发文单位	发布时间
《孝感市发挥品牌引领作用 推动供需结构升级工作方案》	孝感市人民政府办公室	2017.12
《孝感市国民经济和社会发展第十四个五年规划和2035年远景目标纲要》	孝感市人民政府	2022.05
《关于加快推进国家知识产权强市建设试点城市工作的若干措施的通知》	孝感市人民政府	2022.09

资料来源：本书编写组整理。

表6–16　孝感市品牌建设主要成果

· 产品品牌

指标	数量（个）	全省总数（个）	全省占比（%）	全国总数（个）	全国占比（%）
商标申请	10589	199755	5.30	7304407	0.14
商标注册	4416	111746	3.95	6001698	0.07
有效注册商标	47727	1048187	4.55	40642099	0.12
获批保护地理标志产品	14	165	8.48	2508	0.56

续表

· 企业品牌

类型	项目	数量
综合实力	《财富》世界500强	0（家）
	中国企业500强	0（家）
	中国服务业企业500强	0（家）
	中国银行业100强	0（家）
	中国证券公司总资产排名前50	0（家）
	上市公司（截至2024年）	5（家）
质量提升	中国质量奖（截至第五批）	0（项）
	中国质量奖提名奖（截至第五批）	0（项）
	全国质量标杆企业	1（家）
科技创新	国家企业技术中心（截至第30批）	1（处）
	全国制造业单项冠军示范企业（第八批）	0（家）
文化传承	中华老字号（2023）	4（个）
	湖北老字号（2022）	1（个）
品牌价值	世界品牌500强（2023）	0（家）
	中国品牌500强（2023）	0（家）
	湖北省优势商标（2024）	66（件）
	湖北省驰名商标（2024）	18（件）

· 集群品牌

工业和信息化部先进制造业集群决赛优胜者	—
工业和信息化部中小企业特色产业集群	应城市井矿盐化工产业集群
科技部国家创新型产业集群	孝感高新区高端装备制造创新型产业集群 孝感高新区（应城）生物农业创新型产业集群
科技部国家火炬产业基地	—

续表

·区域品牌			
培育方向	品牌称号	全省总数	数量
旅游	世界自然遗产	1（处）	0（处）
	国家级旅游休闲街区	5（个）	0（个）
	5A级景区	14（家）	0（家）
	4A级景区	196（家）	12（家）
	国家级旅游度假区	3（个）	0（个）
农业	获批保护地标产品	165（个）	14（个）
	累计注册地标商标	532（件）	26（件）
	重要农业文化遗产	5（处）	0（处）
	乡村旅游重点村	52（个）	3（个）
文化	世界文化遗产	3（处）	0（处）
	国家级文化生态保护（实验）区	1（个）	0（个）
	国家历史文化名城	5（座）	0（座）
	国家历史文化名镇	13（个）	0（个）
	国家历史文化名村	15（个）	0（个）
	中国历史文化街区	1（个）	0（个）
公共服务	酒店（五星级）	22（家）	0（家）
	医院（三甲）	78（家）	3（家）
	大学（双一流）	7（所）	0（所）

资料来源：本书编写组整理。

九、荆州市品牌发展成果概览

截至2023年底，荆州市累计出台品牌建设相关重要政策文件3部，产品品牌形成有效注册商标77955个，形成企业品牌建设成果107个、集群品牌建设成果4个、区域品牌建设成果101个。具体阶段性成果见表6-17、表6-18。

表6-17　荆州市品牌建设重要政策文件

文件名称	发文单位	发布时间
《荆州市国民经济和社会发展第十四个五年规划和二〇三五年远景目标纲要》	荆州市人民政府	2021.04
《荆州市人民政府关于开展质量品牌提升行动促进经济高质量发展的实施意见》	荆州市人民政府	2021.05
《荆州市农业品牌建设三年行动方案（2021—2023）（征求意见稿）》	荆州市农业农村局	2021.08

资料来源：本书编写组整理。

表6-18　荆州市品牌建设主要成果

· 产品品牌

指标	数量（个）	全省总数（个）	全省占比（%）	全国总数（个）	全国占比（%）
商标申请	18266	199755	9.14	7304407	0.25
商标注册	11682	111746	10.45	6001698	0.19
有效注册商标	77955	1048187	7.44	40642099	0.19
获批保护地理标志产品	12	165	7.27	2508	0.48

· 企业品牌

类型	项目	数量
综合实力	《财富》世界500强	0（家）
	中国企业500强	0（家）
	中国服务业企业500强	0（家）
	中国银行业100强	0（家）
	中国证券公司总资产排名前50	0（家）
	上市公司（截至2024年）	9（家）
质量提升	中国质量奖（截至第五批）	0（项）
	中国质量奖提名奖（截至第五批）	1（项）
	全国质量标杆企业	2（家）

续表

科技创新	国家企业技术中心（截至第30批）	3（处）
	全国制造业单项冠军示范企业（第八批）	0（家）
文化传承	中华老字号（2023）	2（个）
	湖北老字号（2022）	10（个）
品牌价值	世界品牌500强（2023）	0（家）
	中国品牌500强（2023）	1（家）
	湖北省优势商标（2024）	56（件）
	湖北省驰名商标（2024）	23（件）

·集群品牌

工业和信息化部先进制造业集群决赛优胜者	—
工业和信息化部中小企业特色产业集群	荆州市荆州区石油固井压裂装备产业集群
科技部国家创新型产业集群	荆州高新区重大成套设备制造创新型产业集群
科技部国家火炬产业基地	国家火炬荆州开发区汽车及零部件特色产业基地 国家火炬荆州油气钻采装备特色产业基地

·区域品牌

培育方向	品牌称号	全省总数	数量
旅游	世界自然遗产	1（处）	0（处）
	国家级旅游休闲街区	5（个）	0（个）
	5A级景区	14（家）	0（家）
	4A级景区	196（家）	9（家）
	国家级旅游度假区	3（个）	0（个）
农业	获批保护地标产品	165（个）	12（个）
	累计注册地标商标	532（件）	66（件）
	重要农业文化遗产	5（处）	0（处）
	乡村旅游重点村	52（个）	4（个）

续表

文化	世界文化遗产	3（处）	0（处）
	国家级文化生态保护（实验）区	1（个）	0（个）
	国家历史文化名城	5（座）	0（座）
	国家历史文化名镇	13（个）	3（个）
	国家历史文化名村	15（个）	0（个）
	中国历史文化街区	1（个）	0（个）
公共服务	酒店（五星级）	22（家）	1（家）
	医院（三甲）	78（家）	6（家）
	大学（双一流）	7（所）	0（所）

资料来源：本书编写组整理。

十、黄冈市品牌发展成果概览

截至2023年底，黄冈市累计出台品牌建设相关重要政策文件3部，产品品牌形成有效注册商标53294个，形成企业品牌建设成果79个、区域品牌建设成果102个。具体阶段性成果见表6-19、表6-20。

表6-19　黄冈市品牌建设重要政策文件

文件名称	发文单位	发布时间
《关于加快知识产权强市建设的意见》	黄冈市人民政府	2016.12
《黄冈市人民政府办公室关于印发黄冈地标优品区域公用品牌建设和管理实施方案的通知》	黄冈市人民政府办公室	2021.02
《黄冈市国民经济和社会发展第十四个五年规划和2035年远景目标纲要》	黄冈市人民政府	2021.04

资料来源：本书编写组整理。

表6-20 黄冈市品牌建设主要成果

· 产品品牌

指标	数量（个）	全省总数（个）	全省占比（%）	全国总数（个）	全国占比（%）
商标申请	9573	199755	4.79	7304407	0.13
商标注册	5287	111746	4.73	6001698	0.09
有效注册商标	53294	1048187	5.08	40642099	0.13
获批保护地理标志产品	47	165	28.48	2508	1.87

· 企业品牌

类型	项目	数量
综合实力	《财富》世界500强	0（家）
	中国企业500强	0（家）
	中国服务业企业500强	0（家）
	中国银行业100强	0（家）
	中国证券公司总资产排名前50	0（家）
	上市公司（截至2024年）	2（家）
质量提升	中国质量奖（截至第五批）	0（项）
	中国质量奖提名奖（截至第五批）	0（项）
	全国质量标杆企业	0（家）
科技创新	国家企业技术中心（截至第30批）	1（处）
	全国制造业单项冠军示范企业（第八批）	0（家）
文化传承	中华老字号（2023）	0（个）
	湖北老字号（2022）	11（个）
品牌价值	世界品牌500强（2023）	0（家）
	中国品牌500强（2023）	0（家）
	湖北省优势商标（2024）	55（件）
	湖北省驰名商标（2024）	10（件）

续表

·集群品牌	
工业和信息化部先进制造业集群决赛优胜者	—
工业和信息化部中小企业特色产业集群	—
科技部国家创新型产业集群	—
科技部国家火炬产业基地	—

·区域品牌

培育方向	品牌称号	全省总数	数量
旅游	世界自然遗产	1（处）	0（处）
	国家级旅游休闲街区	5（个）	0（个）
	5A级景区	14（家）	0（家）
	4A级景区	196（家）	21（家）
	国家级旅游度假区	3（个）	0（个）
农业	获批保护地标产品	165（个）	47（个）
	累计注册地标商标	532（件）	24（件）
	重要农业文化遗产	5（处）	0（处）
	乡村旅游重点村	52（个）	3（个）
文化	世界文化遗产	3（处）	0（处）
	国家级文化生态保护（实验）区	1（个）	0（个）
	国家历史文化名城	5（座）	0（座）
	国家历史文化名镇	13（个）	2（个）
	国家历史文化名村	15（个）	2（个）
	中国历史文化街区	1（个）	0（个）
公共服务	酒店（五星级）	22（家）	0（家）
	医院（三甲）	78（家）	3（家）
	大学（双一流）	7（所）	0（所）

资料来源：本书编写组整理。

十一、咸宁市品牌发展成果概览

截至2023年底，咸宁市累计出台品牌建设相关重要政策文件3部，产品品牌形成有效注册商标37146个，形成企业品牌建设成果61个、集群品牌建设成果3个、区域品牌建设成果72个。具体阶段性成果见表6-21、表6-22。

表6-21　咸宁市品牌建设重要政策文件

文件名称	发文单位	发布时间
《咸宁市人民政府关于进一步推进品牌建设的若干意见》	咸宁市人民政府	2014.06
《咸宁市国民经济和社会发展第十四个五年规划和2035年远景目标纲要》	咸宁市人民政府	2021.07
《咸宁市知识产权发展“十四五”规划》	咸宁市市场监管局（咸宁市知识产权局）	2022.08

资料来源：本书编写组整理。

表6-22　咸宁市品牌建设主要成果

·产品品牌

指标	数量（个）	全省总数（个）	全省占比（%）	全国总数（个）	全国占比（%）
商标申请	8889	199755	4.45	7304407	0.12
商标注册	3628	111746	3.25	6001698	0.06
有效注册商标	37146	1048187	3.54	40642099	0.09
获批保护地理标志产品	7	165	4.24	2508	0.28

续表

·企业品牌		
类型	项目	数量
综合实力	《财富》世界500强	0（家）
	中国企业500强	0（家）
	中国服务业企业500强	0（家）
	中国银行业100强	0（家）
	中国证券公司总资产排名前50	0（家）
	上市公司（截至2024年）	1（家）
质量提升	中国质量奖（截至第五批）	0（项）
	中国质量奖提名奖（截至第五批）	0（项）
	全国质量标杆企业	0（家）
科技创新	国家企业技术中心（截至第30批）	1（处）
	全国制造业单项冠军示范企业（第八批）	1（家）
文化传承	中华老字号（2023）	1（个）
	湖北老字号（2022）	7（个）
品牌价值	世界品牌500强（2023）	0（家）
	中国品牌500强（2023）	0（家）
	湖北省优势商标（2024）	30（件）
	湖北省驰名商标（2024）	20（件）

·集群品牌	
工业和信息化部先进制造业集群决赛优胜者	—
工业和信息化部中小企业特色产业集群	—
科技部国家创新型产业集群	咸宁智能机电创新型产业集群 咸宁高新区先进无机非金属材料创新型产业集群
科技部国家火炬产业基地	国家火炬咸宁赤壁安全应急装备特色产业基地

续表

·区域品牌			
培育方向	品牌称号	全省总数	数量
旅游	世界自然遗产	1（处）	0（处）
	国家级旅游休闲街区	5（个）	0（个）
	5A级景区	14（家）	1（家）
	4A级景区	196（家）	14（家）
	国家级旅游度假区	3（个）	0（个）
农业	获批保护地标产品	165（个）	7（个）
	累计注册地标商标	532（件）	39（件）
	重要农业文化遗产	5（处）	2（处）
	乡村旅游重点村	52（个）	3（个）
文化	世界文化遗产	3（处）	0（处）
	国家级文化生态保护（实验）区	1（个）	0（个）
	国家历史文化名城	5（座）	0（座）
	国家历史文化名镇	13（个）	1（个）
	国家历史文化名村	15（个）	2（个）
	中国历史文化街区	1（个）	0（个）
公共服务	酒店（五星级）	22（家）	1（家）
	医院（三甲）	78（家）	2（家）
	大学（双一流）	7（所）	0（所）

资料来源：本书编写组整理。

十二、随州市品牌发展成果概览

截至2023年底，随州市累计出台品牌建设相关重要政策文件3部，产品品牌形成有效注册商标22542个，形成企业品牌建设成果88个、集群品牌建设成果2个、区域品牌建设成果32个。具体阶段性成果见表6–23、表6–24。

表6–23　随州市品牌建设重要政策文件

文件名称	发文单位	发布时间
《关于深入推进质量兴市战略的意见》	随州市人民政府办公室	2012.10
《关于印发随州市知识产权战略纲要的通知》	随州市人民政府办公室	2012.11
《随州市国民经济和社会发展第十四个五年规划和2035年远景目标纲要》	随州市发展改革委	2021.07

资料来源：本书编写组整理。

表6–24　随州市品牌建设主要成果

· 产品品牌

指标	数量（个）	全省总数（个）	全省占比（%）	全国总数（个）	全国占比（%）
商标申请	6193	199755	3.10	7304407	0.08
商标注册	3789	111746	3.39	6001698	0.06
有效注册商标	22542	1048187	2.15	40642099	0.06
获批保护地理标志产品	5	165	3.03	2508	0.20

· 企业品牌

类型	项目	数量
综合实力	《财富》世界500强	0（家）
	中国企业500强	0（家）
	中国服务业企业500强	0（家）
	中国银行业100强	0（家）
	中国证券公司总资产排名前50	0（家）
	上市公司（截至2024年）	1（家）
质量提升	中国质量奖（截至第五批）	0（项）
	中国质量奖提名奖（截至第五批）	0（项）
	全国质量标杆企业	0（家）

续表

科技创新	国家企业技术中心（截至第30批）	1（处）
	全国制造业单项冠军示范企业（第八批）	1（家）
文化传承	中华老字号（2023）	0（个）
	湖北老字号（2022）	2（个）
品牌价值	世界品牌500强（2023）	0（家）
	中国品牌500强（2023）	0（家）
	湖北省优势商标（2024）	65（件）
	湖北省驰名商标（2024）	18（件）

· 集群品牌

工业和信息化部先进制造业集群决赛优胜者	“武襄十随”汽车集群
工业和信息化部中小企业特色产业集群	—
科技部国家创新型产业集群	随州移动应急装备创新型产业集群
科技部国家火炬产业基地	—

· 区域品牌

培育方向	品牌称号	全省总数	数量
旅游	世界自然遗产	1（处）	0（处）
	国家级旅游休闲街区	5（个）	0（个）
	5A级景区	14（家）	0（家）
	4A级景区	196（家）	9（家）
	国家级旅游度假区	3（个）	0（个）
农业	获批保护地标产品	165（个）	5（个）
	累计注册地标商标	532（件）	13（件）
	重要农业文化遗产	5（处）	0（处）
	乡村旅游重点村	52（个）	1（个）

续表

文化	世界文化遗产	3（处）	0（处）
	国家级文化生态保护（实验）区	1（个）	0（个）
	国家历史文化名城	5（座）	1（座）
	国家历史文化名镇	13（个）	1（个）
	国家历史文化名村	15（个）	0（个）
	中国历史文化街区	1（个）	0（个）
公共服务	酒店（五星级）	22（家）	0（家）
	医院（三甲）	78（家）	2（家）
	大学（双一流）	7（所）	0（所）

资料来源：本书编写组整理。

十三、恩施州品牌发展成果概览

截至 2023 年底，恩施州累计出台品牌建设相关重要政策文件 5 部，产品品牌形成有效注册商标 42372 个，形成企业品牌建设成果 53 个、区域品牌建设成果 106 个。具体阶段性成果见表 6–25、表 6–26。

表6–25　恩施州品牌建设重要政策文件

文件名称	发文单位	发布时间
《关于加强品牌建设推进建成全省特色产业增长极的意见》	恩施州人民政府	2018.04
《关于印发〈恩施州区域公用品牌认定管理办法〉的通知》	恩施州人民政府	2018.05
《关于印发恩施州加快服务业发展实施方案的通知》	恩施州人民政府	2018.09
《恩施州国民经济和社会发展第十四个五年规划和2035年远景目标纲要》	恩施州人民政府	2021.05
《关于新时代推进品牌建设的实施意见》	恩施州人民政府办公室	2022.12

资料来源：本书编写组整理。

表6–26 恩施州品牌建设主要成果

·产品品牌

指标	数量（个）	全省总数（个）	全省占比（%）	全国总数（个）	全国占比（%）
商标申请	9140	199755	4.58	7304407	0.13
商标注册	5400	111746	4.83	6001698	0.09
有效注册商标	42372	1048187	4.04	40642099	0.10
获批保护地理标志产品	24	165	14.55	2508	0.96

·企业品牌

类型	项目	数量
综合实力	《财富》世界500强	0（家）
	中国企业500强	0（家）
	中国服务业企业500强	0（家）
	中国银行业100强	0（家）
	中国证券公司总资产排名前50	0（家）
	上市公司（截至2024年）	0（家）
质量提升	中国质量奖（截至第五批）	0（项）
	中国质量奖提名奖（截至第五批）	0（项）
	全国质量标杆企业	0（家）
科技创新	国家企业技术中心（截至第30批）	0（处）
	全国制造业单项冠军示范企业（第八批）	0（家）
文化传承	中华老字号（2023）	0（个）
	湖北老字号（2022）	6（个）
品牌价值	世界品牌500强（2023）	0（家）
	中国品牌500强（2023）	0（家）
	湖北省优势商标（2024）	45（件）
	湖北省驰名商标（2024）	2（件）

续表

· 集群品牌	
工业和信息化部先进制造业集群决赛优胜者	—
工业和信息化部中小企业特色产业集群	—
科技部国家创新型产业集群	—
科技部国家火炬产业基地	—

· 区域品牌

培育方向	品牌称号	全省总数	数量
旅游	世界自然遗产	1（处）	0（处）
	国家级旅游休闲街区	5（个）	1（个）
	5A级景区	14（家）	3（家）
	4A级景区	196（家）	23（家）
	国家级旅游度假区	3（个）	0（个）
农业	获批保护地标产品	165（个）	24（个）
	累计注册地标商标	532（件）	38（件）
	重要农业文化遗产	5（处）	1（处）
	乡村旅游重点村	52（个）	4（个）
文化	世界文化遗产	3（处）	1（处）
	国家级文化生态保护（实验）区	1（个）	1（个）
	国家历史文化名城	5（座）	1（座）
	国家历史文化名镇	13（个）	0（个）
	国家历史文化名村	15（个）	4（个）
	中国历史文化街区	1（个）	0（个）
公共服务	酒店（五星级）	22（家）	1（家）
	医院（三甲）	78（家）	4（家）
	大学（双一流）	7（所）	0（所）

资料来源：本书编写组整理。

十四、仙桃市品牌发展成果概览

截至2023年底，仙桃市累计出台品牌建设相关重要政策文件1部，产品品牌形成有效注册商标19921个，形成企业品牌建设成果15个、集群品牌建设成果1个、区域品牌建设成果10个。具体阶段性成果见表6-27、表6-28。

表6-27　仙桃市品牌建设重要政策文件

文件名称	发文单位	发布时间
《仙桃市国民经济和社会发展第十四个五年规划和2035年远景目标纲要》	仙桃市发展改革委	2021.07

资料来源：本书编写组整理。

表6-28　仙桃市品牌建设主要成果

· 产品品牌

指标	数量（个）	全省总数（个）	全省占比（%）	全国总数（个）	全国占比（%）
商标申请	2948	199755	1.48	7304407	0.04
商标注册	2069	111746	1.85	6001698	0.03
有效注册商标	19921	1048187	1.90	40642099	0.05
获批保护地理标志产品	0	165	0.00	2508	0.00

· 企业品牌

类型	项目	数量
综合实力	《财富》世界500强	0（家）
	中国企业500强	0（家）
	中国服务业企业500强	0（家）
	中国银行业100强	0（家）
	中国证券公司总资产排名前50	0（家）
	上市公司（截至2024年）	1（家）

续表

质量提升	中国质量奖（截至第五批）	0（项）
	中国质量奖提名奖（截至第五批）	0（项）
	全国质量标杆企业	0（家）
科技创新	国家企业技术中心（截至第30批）	1（处）
	全国制造业单项冠军示范企业（第八批）	0（家）
文化传承	中华老字号（2023）	0（个）
	湖北老字号（2022）	2（个）
品牌价值	世界品牌500强（2023）	0（家）
	中国品牌500强（2023）	0（家）
	湖北省优势商标（2024）	9（件）
	湖北省驰名商标（2024）	2（件）

· 集群品牌

工业和信息化部先进制造业集群决赛优胜者	—
工业和信息化部中小企业特色产业集群	—
科技部国家创新型产业集群	仙桃高新区非织造布创新型产业集群
科技部国家火炬产业基地	—

· 区域品牌

培育方向	品牌称号	全省总数	数量
旅游	世界自然遗产	1（处）	0（处）
	国家级旅游休闲街区	5（个）	0（个）
	5A级景区	14（家）	0（家）
	4A级景区	196（家）	2（家）
	国家级旅游度假区	3（个）	0（个）
农业	获批保护地标产品	165（个）	0（个）
	累计注册地标商标	532（件）	6（件）
	重要农业文化遗产	5（处）	0（处）
	乡村旅游重点村	52（个）	0（个）

续表

文化	世界文化遗产	3（处）	0（处）
	国家级文化生态保护（实验）区	1（个）	0（个）
	国家历史文化名城	5（座）	0（座）
	国家历史文化名镇	13（个）	0（个）
	国家历史文化名村	15（个）	0（个）
	中国历史文化街区	1（个）	0（个）
公共服务	酒店（五星级）	22（家）	0（家）
	医院（三甲）	78（家）	2（家）
	大学（双一流）	7（所）	0（所）

资料来源：本书编写组整理。

十五、天门市品牌发展成果概览

截至2023年底，天门市累计出台品牌建设相关重要政策文件3部，产品品牌形成有效注册商标17223个，形成企业品牌建设成果9个、集群品牌建设成果1个、区域品牌建设成果6个。具体阶段性成果见表6-29、表6-30。

表6-29 天门市品牌建设重要政策文件

文件名称	发文单位	发布时间
《关于实施质量强市战略的意见》	天门市人民政府	2016.04
《天门市国民经济和社会发展第十四个五年规划和二〇三五年远景目标纲要》	天门市发展改革委	2021.07
《天门市农产品区域公用品牌使用管理办法》	天门市农业农村局	2022.10

资料来源：本书编写组整理。

表6-30 天门市品牌建设主要成果

· 产品品牌

指标	数量（个）	全省总数（个）	全省占比（%）	全国总数（个）	全国占比（%）
商标申请	2841	199755	1.42	7304407	0.04
商标注册	2350	111746	2.10	6001698	0.04
有效注册商标	17223	1048187	1.64	40642099	0.04
获批保护地理标志产品	0	165	0.00	2508	0.00

· 企业品牌

类型	项目	数量
综合实力	《财富》世界500强	0（家）
	中国企业500强	0（家）
	中国服务业企业500强	0（家）
	中国银行业100强	0（家）
	中国证券公司总资产排名前50	0（家）
	上市公司（截至2024年）	0（家）
质量提升	中国质量奖（截至第五批）	0（项）
	中国质量奖提名奖（截至第五批）	0（项）
	全国质量标杆企业	0（家）
科技创新	国家企业技术中心（截至第30批）	1（处）
	全国制造业单项冠军示范企业（第八批）	0（家）
文化传承	中华老字号（2023）	0（个）
	湖北老字号（2022）	1（个）
品牌价值	世界品牌500强（2023）	0（家）
	中国品牌500强（2023）	0（家）
	湖北省优势商标（2024）	5（件）
	湖北省驰名商标（2024）	2（件）

续表

· 集群品牌	
工业和信息化部先进制造业集群决赛优胜者	—
工业和信息化部中小企业特色产业集群	—
科技部国家创新型产业集群	天门生物医药产业集群
科技部国家火炬产业基地	—

· 区域品牌

培育方向	品牌称号	全省总数	数量
旅游	世界自然遗产	1（处）	0（处）
	国家级休闲旅游街区	5（个）	0（个）
	5A级景区	14（家）	0（家）
	4A级景区	196（家）	1（家）
	国家级旅游度假区	3（个）	0（个）
农业	获批保护地标产品	165（个）	0（个）
	累计注册地标商标	532（件）	3（件）
	重要农业文化遗产	5（处）	0（处）
	乡村旅游重点村	52（个）	0（个）
文化	世界文化遗产	3（处）	0（处）
	国家级文化生态保护（实验）区	1（个）	0（个）
	国家历史文化名城	5（座）	0（座）
	国家历史文化名镇	13（个）	0（个）
	国家历史文化名村	15（个）	0（个）
	中国历史文化街区	1（个）	0（个）
公共服务	酒店（五星级）	22（家）	0（家）
	医院（三甲）	78（家）	2（家）
	大学（双一流）	7（所）	0（所）

资料来源：本书编写组整理。

十六、潜江市品牌发展成果概览

截至 2023 年底，潜江市累计出台品牌建设相关重要政策文件 4 部，产品品牌形成有效注册商标 12955 个，形成企业品牌建设成果 26 个、集群品牌建设成果 1 个、区域品牌建设成果 8 个。具体阶段性成果见表 6–31、表 6–32。

表6–31　潜江市品牌建设重要政策文件

文件名称	发文单位	发布时间
《关于推进品牌强市建设的若干意见》	潜江市人民政府	2015.06
《关于印发潜江市打造虾—稻区域公用品牌创建放心消费城市工作实施方案的通知》	潜江市人民政府	2017.12
《关于印发潜江市品牌提升专项行动方案（2020—2022）的通知》	潜江市市场监督管理局	2020.08
《潜江市国民经济和社会发展第十四个五年规划和二〇三五年远景目标纲要》	潜江市发展改革委	2021.05

资料来源：本书编写组整理。

表6–32　潜江市品牌建设主要成果

· 产品品牌

指标	数量（个）	全省总数（个）	全省占比（%）	全国总数（个）	全国占比（%）
商标申请	1642	199755	0.82	7304407	0.02
商标注册	1116	111746	1.00	6001698	0.02
有效注册商标	12955	1048187	1.24	40642099	0.03
获批保护地理标志产品	0	165	0.00	2508	0.00

续表

· 企业品牌

类型	项目	数量
综合实力	《财富》世界500强	0（家）
	中国企业500强	1（家）
	中国服务业企业500强	0（家）
	中国银行业100强	0（家）
	中国证券公司总资产排名前50	0（家）
	上市公司（截至2024年）	2（家）
质量提升	中国质量奖（截至第五批）	0（项）
	中国质量奖提名奖（截至第五批）	0（项）
	全国质量标杆企业	0（家）
科技创新	国家企业技术中心（截至第30批）	1（处）
	全国制造业单项冠军示范企业（第八批）	0（家）
文化传承	中华老字号（2023）	0（个）
	湖北老字号（2022）	2（个）
品牌价值	世界品牌500强（2023）	0（家）
	中国品牌500强（2023）	0（家）
	湖北省优势商标（2024）	13（件）
	湖北省驰名商标（2024）	7（件）

· 集群品牌

工业和信息化部先进制造业集群决赛优胜者	—
工业和信息化部中小企业特色产业集群	—
科技部国家创新型产业集群	—
科技部国家火炬产业基地	国家火炬潜江微电子材料特色产业基地

续表

·区域品牌			
培育方向	品牌称号	全省总数	数量
旅游	世界自然遗产	1（处）	0（处）
	国家级旅游休闲街区	5（个）	0（个）
	5A级景区	14（家）	0（家）
	4A级景区	196（家）	1（家）
	国家级旅游度假区	3（个）	0（个）
农业	获批保护地标产品	165（个）	0（个）
	累计注册地标商标	532（件）	4（件）
	重要农业文化遗产	5（处）	0（处）
	乡村旅游重点村	52（个）	0（个）
文化	世界文化遗产	3（处）	0（处）
	国家级文化生态保护（实验）区	1（个）	0（个）
	国家历史文化名城	5（座）	0（座）
	国家历史文化名镇	13（个）	1（个）
	国家历史文化名村	15（个）	0（个）
	中国历史文化街区	1（个）	0（个）
公共服务	酒店（五星级）	22（家）	0（家）
	医院（三甲）	78（家）	2（家）
	大学（双一流）	7（所）	0（所）

资料来源：本书编写组整理。

十七、神农架林区品牌发展成果概览

截至2023年底，神农架林区累计出台品牌建设相关重要政策文件3部，产品品牌形成有效注册商标1790个，形成企业品牌建设成果4个、区域品牌建设成果11个。具体阶段性成果见表6-33、表6-34。

表6–33　神农架林区品牌建设重要政策文件

文件名称	发文单位	发布时间
《关于坚持农业农村优先发展加快补齐全面小康“三农”领域短板的实施意见》	神农架林区人民政府	2020.03
《神农架林区国民经济和社会发展第十四个五年规划和二〇三五年远景目标纲要》	神农架林区人民政府办公室	2021.10
《关于加快推进知识产权强区建设的十条措施》	神农架林区人民政府办公室	2022.10

资料来源：本书编写组整理。

表6–34　神农架林区品牌建设主要成果

· 产品品牌

指标	数量（个）	全省总数（个）	全省占比（%）	全国总数（个）	全国占比（%）
商标申请	308	199755	0.15	7304407	0.00
商标注册	151	111746	0.14	6001698	0.00
有效注册商标	1790	1048187	0.17	40642099	0.00
获批保护地理标志产品	3	165	1.82	2508	0.12

· 企业品牌

类型	项目	数量
综合实力	《财富》世界500强	0（家）
	中国企业500强	0（家）
	中国服务业企业500强	0（家）
	中国银行业100强	0（家）
	中国证券公司总资产排名前50	0（家）
	上市公司（截至2024年）	0（家）
质量提升	中国质量奖（截至第五批）	0（项）
	中国质量奖提名奖（截至第五批）	0（项）
	全国质量标杆企业	0（家）

续表

科技创新	国家企业技术中心（截至第30批）	0（处）
	全国制造业单项冠军示范企业（第八批）	0（家）
文化传承	中华老字号（2023）	0（个）
	湖北老字号（2022）	0（个）
品牌价值	世界品牌500强（2023）	0（家）
	中国品牌500强（2023）	0（家）
	湖北省优势商标（2024）	4（件）
	湖北省驰名商标（2024）	0（件）

· 集群品牌

工业和信息化部先进制造业集群决赛优胜者	—
工业和信息化部中小企业特色产业集群	—
科技部国家创新型产业集群	—
科技部国家火炬产业基地	—

· 区域品牌

培育方向	品牌称号	全省总数	数量
旅游	世界自然遗产	1（处）	1（处）
	国家级旅游休闲街区	5（个）	0（个）
	5A级景区	14（家）	1（家）
	4A级景区	196（家）	3（家）
	国家级旅游度假区	3（个）	1（个）
农业	获批保护地标产品	165（个）	3（个）
	累计注册地标商标	532（件）	1（件）
	重要农业文化遗产	5（处）	0（处）
	乡村旅游重点村	52（个）	1（个）

续表

文化	世界文化遗产	3（处）	0（处）
	国家级文化生态保护（实验）区	1（个）	0（个）
	国家历史文化名城	5（座）	0（座）
	国家历史文化名镇	13（个）	0（个）
	国家历史文化名村	15（个）	0（个）
	中国历史文化街区	1（个）	0（个）
公共服务	酒店（五星级）	22（家）	0（家）
	医院（三甲）	78（家）	0（家）
	大学（双一流）	7（所）	0（所）

资料来源：本书编写组整理。

附　录

一、首届“湖北精品”认定名单

序号	经营主体名称	产品、服务	商标注册号
1	武汉华工激光工程有限责任公司	激光切割机	6612578
2	武汉锐科光纤激光技术股份有限公司	光纤激光器	15277694
3	武汉锐晶激光芯片技术有限公司	915nm 35W 半导体激光单管芯片	60734356
4	武汉驿路通科技股份有限公司	垂直耦合用折弯光纤阵列	8090712
5	武汉驿路通科技股份有限公司	硅光芯片用垂直耦合型光纤阵列	16343952
6	武汉重型机床集团有限公司	VTM/F59系列数控立式车削加工中心	7316942
7	武汉兰丁智能医学股份有限公司	全自动数字远程病理细胞分析仪	61034854A
8	武汉高德智感科技有限公司	高端工业检测型红外热成像仪	37569895
9	武汉精测电子集团股份有限公司	JC-EYE-2色彩分析仪	35271206
10	武汉静磁栅机电制造有限公司	静磁栅位移传感器	14404478
11	孝感华工高理电子有限公司	家用和类似用途制冷器具用NTC温度传感器	1147295
12	华工法利莱切焊系统工程有限公司	三维五轴高速激光切割机	6550347
13	湖北中天云母制品股份有限公司	电热设备用云母板	3314143
14	湖北台基半导体股份有限公司	4600V-8500V普通高压晶闸管	3915609
15	湖北航宇嘉泰飞机设备有限公司	商用飞机座椅	37455368
16	湖北新华光信息材料有限公司	红外光学玻璃	1797162

续表

序号	经营主体名称	产品、服务	商标注册号
17	武汉阿迪克电子股份有限公司	单相智能电能表	3307715
18	武汉盛帆电子股份有限公司	单相电能表	4009038
19	岚图汽车科技有限公司	岚图牌系列乘用车	41856095
20	湖北江南专用特种汽车有限公司	JDF5110XFSG 50/E6型水罐消防车	10482385
21	湖北三环离合器有限公司	离合器总成	29712675
22	湖北万联达汽车科技股份有限公司	免维护转向横、直拉杆总成	1697873
23	东实车身部件（湖北）有限公司	踏板总成工艺合件	3269092
24	湖北三环车桥有限公司	三环牌汽车前轴	2009250
25	湖北航鹏化学动力科技有限责任公司	驾驶员正面气囊用烟火式汽车安全气囊气体发生器	42868445
26	钱潮智造（石首）有限公司	滚动轴承——滚针	834442
27	湖北三环汽车方向机有限公司	循环球动力转向器总成	5383221
28	湖北飞龙摩擦密封材料股份有限公司	汽车制动器衬片	15577098
29	湖北三宁化工股份有限公司	尿素	1398039
30	湖北和远气体股份有限公司	纯氮、高纯氮	11659875
31	湖北万润新能源科技股份有限公司	磷酸铁锂	68125552
32	百杰瑞（荆门）新材料有限公司	草酸锂	47436448
33	武汉仕全兴新材料科技股份有限公司	水性聚氨酯固化剂	3677333
34	华强化工集团股份有限公司	腐植酸有机无机复混肥料	60675100
35	湖北吉星化工集团有限公司	工业重结晶次磷酸钠	1389017
36	湖北福星生物科技有限公司	20%花生四烯酸（ARA）粉末	5235299
37	湖北富邦科技股份有限公司	化肥多功能包裹剂	44816563
38	湖北亚星电子材料有限公司	高纯二氧化钛	7039994

续表

序号	经营主体名称	产品、服务	商标注册号
39	湖北华扬科技发展有限公司	混合型饲料添加剂 丁酸梭菌	12433382
40	湖北振华化学股份有限公司	工业铬酸酐	1360077
41	湖北振华化学股份有限公司	工业重铬酸钠	1360077
42	武穴市旭日化工有限责任公司	吡唑醚菌酯原药	30052246
43	湖北犇星新材料股份有限公司	硫醇甲基锡	4353406
44	湖北和诺生物工程股份有限公司	烟碱	19730557
45	黄冈鲁班药业股份有限公司	1–乙基–（3–二甲基氨基丙基）碳酰二亚胺盐酸盐	4137207
46	湖北广济药业股份有限公司	饲料添加剂 5%核黄素 （维生素B2）	3168171
47	湖北兴福电子材料股份有限公司	电子级磷酸	31355028
48	美的集团武汉制冷设备有限公司	空调器、散热器等 制冷设备	15713572
49	中铁桥研科技有限公司	大跨度桥梁减震 抑振阻尼器	49870181
50	中国电建集团武汉重工装备 有限公司	“华能牌”翻车机	314154
51	武汉惠强新能源材料科技有限公司	聚烯烃锂电池隔膜	15824526
52	黄石东贝制冷有限公司	冰淇淋机	3661757
53	湖北创偲诺电气科技股份有限公司	气体电磁阀	15293667A
54	盛隆电气集团有限公司	i Panel智能配电柜	1306334
55	湖北江汉建筑工程机械有限公司	智能施工升降机	63376025
56	湖北及安盾消防科技有限公司	热气溶胶灭火装置	67907246
57	湖北兴瑞硅材料有限公司	高黏度室温 硫化甲基硅橡胶	16923499
58	湖北天宜机械股份有限公司	埋刮板输送机	9438541
59	万华禾香板业（荆门） 有限责任公司	无醛秸秆生态板	52965814

续表

序号	经营主体名称	产品、服务	商标注册号
60	襄阳市诺立信电线电缆有限公司	矿物质绝缘防火电缆	46113605
61	湖北艾克电缆有限公司	额定电压1kV及以下铝护套无机矿物绝缘防火电缆	58822786
62	舒氏集团有限公司	电缆终端和中间接头用胶带	1580058
63	湖北龙腾红旗电缆（集团）有限公司	额定电压300/300V(交联)聚乙烯绝缘屏蔽软电线	12754356
64	湖北钟格塑料管有限公司	燃气用埋地聚乙烯（PE）管材	1086486
65	宝武集团鄂城钢铁有限公司	锅炉和压力容器用正火钢板	1354529
66	宝武集团鄂城钢铁有限公司	大跨度铁路桥梁用钢板	1354529
67	武汉金牛经济发展有限公司	冷热水用聚丙烯（PP-R）管材	1520832
68	长利玻璃洪湖有限公司	浮法玻璃	3294816
69	湖北万锦科技有限公司	B 型缠绕管材（克拉管）	17323913
70	荆门荆华铝业有限公司	铝合金建筑隔热型材	5680795
71	湖北金马塑业有限公司	排水、排污用高性能硬聚氯乙烯（PVC-H）微型顶管	4720814
72	湖北武铁山桥轨道装备有限公司	标准轨距铁路道岔	12471617
73	湖北大帆金属制品有限公司	高强冷轧钢带	3011153
74	湖北恒祥科技股份有限公司	柔性泡沫橡塑绝热制品	20810861
75	湖北华宁防腐技术股份有限公司	防腐橡胶板	16888404
76	湖北和乐门业有限公司	钢质门	27211355
77	湖北康欣新材料科技有限责任公司	康欣 OSB 板	14585673
78	湖北祥源新材科技股份有限公司	功能性辐照交联聚烯烃发泡材料	24781804
79	湖北通成高新材料有限公司	聚氨酯泡沫填缝剂	9978020

续表

序号	经营主体名称	产品、服务	商标注册号
80	湖北大洋塑胶有限公司	e-PSP 钢塑复合压力管道	56201833
81	竹山县志诚绿松石有限责任公司	“华周壹兰”品牌绿松石	17098538
82	湖北宇星水钻饰品有限公司①	水晶钻石	8894629
83	湖北华海纤维科技股份有限公司	防近视纸	306331
84	宜城市天舒纺织有限公司	精梳紧密赛络纺 40s 本色纱	8807201
85	际华三五四二纺织有限公司	“际华福龙”家纺制品	9973742
86	湖北金环绿色纤维有限公司	“金赛尔”品牌莱赛尔纤维	17336540
87	湖北金汉江精制棉有限公司	精制棉	1440065
88	湖北枫树线业有限公司	缝纫用再生涤纶本色纱线	7690283
89	湖北梦丝家绿色保健制品有限公司	秋冬季多功能艾绒蚕丝被	3263287
90	维达护理用品（中国）有限公司	得宝牌纸巾纸	11007916
91	湖北一致魔芋生物科技股份有限公司	魔芋洗颜（浴）棉	58441174
92	潜江市小龙虾产业发展促进中心	潜江龙虾	8434342
93	湖北鼎艾科技有限公司	蕲艾条（柱）	17842961
94	李时珍国灸集团蕲艾产业（蕲春）有限公司	蕲艾雷火灸	9315571
95	湖北省八峰药化股份有限公司	八峰氨基酸口服液	1404390
96	黄鹤楼酒业有限公司	浓香型白酒	22382244
97	湖北省石花酿酒股份有限公司	石花霸王醉	11677152
98	湖北爽露爽食品股份有限公司	爽露爽米酿	18459137
99	丹江口市兴源生橄榄油科技发展有限公司	初榨橄榄油	16936250
100	湖北香芝源农业科技有限公司	香芝源“枣阳茶油”	3041026
101	湖北虾乡食品股份有限公司	虾乡稻“香米”	10442892

① 曾用名，现名为湖北宇星新材料股份有限公司。

续表

序号	经营主体名称	产品、服务	商标注册号
102	湖北国宝桥米有限公司	国宝桥米	5585873
103	湖北硒粮科技集团有限公司	“陇间柒月”品牌富硒大米	26570511
104	湖北双竹生态食品开发股份有限公司	竹溪贡米	11392154
105	黄梅县永盛米业有限公司	永盛香糯	43390655
106	羊楼洞茶业股份有限公司	地理标志产品—羊楼洞砖茶	56466863
107	羊楼洞茶业股份有限公司	赤壁青砖茶	59779244
108	湖北省鹤峰鑫农茶业有限公司	白果牌走马翠毫绿茶	8446654
109	利川星斗山红茶有限责任公司	星斗山利川红	24017176
110	湖北周黑鸭食品工业园有限公司	气调包装熟卤制品	7936086
111	湖北小胡鸭食品有限责任公司	小胡鸭	16404238
112	湖北天湖蛋禽股份有限公司	无金皮蛋	22529332
113	湖北神丹健康食品有限公司	皮蛋	3471525
114	湖北神丹健康食品有限公司	咸蛋	3471525
115	随州市二月风食品有限公司	二月风有机葛粉	1011809
116	恩施州源惠科技开发有限公司	黄精脂元固体饮料	24049021
117	品源（随州）现代农业发展有限公司	辣椒酱	25333209
118	湖北红日子农业科技有限公司	“北极源”酱菜系列产品	25587242
119	武汉家家乐饲料股份有限公司	肉质改善型仔猪复合预混合饲料	6241196
120	长飞光纤光缆股份有限公司	单模光纤	15180705
121	长飞光纤光缆股份有限公司	多模光纤	3057013
122	宜昌长机科技有限责任公司	数控齿轮加工机床	3663621
123	中石化四机石油机械有限公司	压裂设备	63641251

续表

序号	经营主体名称	产品、服务	商标注册号
124	中石化四机石油机械有限公司	固井设备	63641251
125	荆门宏图特种飞行器制造有限公司	液化气体运输车	1179129
126	驰田汽车股份有限公司	渣土自卸车	5226779
127	万向通达股份公司	汽车金属燃油箱	231861
128	湖北三环锻造有限公司	汽车转向节	1048840
129	骆驼集团股份有限公司	24V启动锂电池	165198
130	骆驼集团股份有限公司	EFB 铅蓄电池	165198
131	襄阳五二五泵业有限公司	离心式烟气脱硫循环泵	4500802
132	大冶特殊钢有限公司	风电轴承钢	9894676
133	大冶特殊钢有限公司	模具钢	9894676
134	大冶特殊钢有限公司	无缝钢管	9894676
135	湖北兴发化工集团股份有限公司	速溶三聚磷酸钠	1389017
136	安琪酵母股份有限公司	含氨基酸水溶肥料	32945489
137	湖北宜化化工股份有限公司	含腐植酸磷酸二铵	69422085
138	湖北宜化化工股份有限公司	含海藻酸磷酸二铵	57614474
139	湖北宜化化工股份有限公司	含锌硼酸磷酸二铵	69422085
140	湖北祥云（集团）化工股份有限公司	含褐藻寡糖复合肥料	63253324
141	宜昌人福药业有限责任公司	注射用盐酸瑞芬太尼	3156083
142	湖北恒隆汽车系统集团有限公司	智能循环球转向器总成	6192688
143	湖北菲利华石英玻璃股份有限公司	A 型石英玻璃纤维布	9090599
144	格力电器（武汉）有限公司	家用空气调节器	994210
145	劲牌有限公司	中国劲酒	13968195
146	劲牌有限公司	毛铺酒	10137629
147	劲牌有限公司	劲牌养生一号酒	30080256
148	湖北稻花香酒业股份有限公司	馫香型白酒	1396938

续表

序号	经营主体名称	产品、服务	商标注册号
149	武汉烽火技术服务有限公司	烽火通信网络智能运维服务	13563951
150	武汉东智科技股份有限公司	视频运维联网管理平台	18306037
151	吉奥时空信息技术股份有限公司	吉奥地理信息服务平台软件 GeoGlobe	9032493
152	湖北中文在线数字出版有限公司	书香中国互联网数字图书馆平台	28606112
153	九州通医药集团物流有限公司	药品冷链综合物流服务	32966550
154	湖北潜网生态小龙虾产业园集团有限公司	小龙虾交易商业服务	17079239
155	湖北潜网生态小龙虾产业园集团有限公司	小龙虾生鲜物流	43172514

资料来源：湖北省市场监督管理局。

二、湖北省中华老字号名单

品牌	企业
红金龙	湖北中烟工业有限责任公司
稻花香	湖北稻花香酒业股份有限公司
汉明喜来登	湖北汉明喜来登眼镜有限公司
黄山头	湖北黄山头酒业有限公司
枝江	湖北枝江酒业股份有限公司
白鸭	黄石市白鸭食品有限公司
中联	国药集团中联药业有限公司
黄鹤楼	湖北中烟工业有限责任公司
黄石	黄石市食博园饼业有限公司
曹祥泰	武汉曹祥泰食品有限责任公司
老亨达利	武汉市江岸区老亨达利世界名表有限公司

续表

品牌	企业
四季美	武汉市四季美饮业有限责任公司
谈炎记	武汉谈炎记饮食有限公司
五芳斋	武汉五芳斋食品贸易有限公司
叶开泰	武汉叶开泰药业连锁有限公司
孝感牌	孝感麻糖米酒有限责任公司
孝感米酒	孝感市宏源饮食服务有限责任公司米酒大楼
楚河	云梦县楚河鱼面厂
久康	湖北久康食品有限公司
碧山牌	湖北涢河酒业有限公司
川	湖北省赵李桥茶厂有限责任公司
健民	健民药业集团股份有限公司
马应龙	马应龙药业集团股份有限公司
黄鹤楼	黄鹤楼酒业有限公司
长生堂	武汉市长生堂美发美容有限责任公司
晶钰首饰	湖北工艺美术服务部有限公司
郝曙光	襄阳郝曙光实业有限公司
蔡林记	武汉蔡林记商贸有限公司
汪玉霞	武汉市汪玉霞食品工业公司
石花	湖北省石花酿酒股份有限公司
采花	湖北采花茶业有限公司
绣林	湖北枫林酒业酿造有限公司[①]
黄鹤	武汉市国漆有限公司
武汉精益	武汉精益眼镜有限公司
德华楼	武汉德华楼餐饮管理有限公司

注：统计时间截至2023年底。

资料来源：作者根据公开资料整理。

① 曾用名，现名为湖北绣林玉液酒业有限公司。

三、湖北省老字号名录

序号	市州	品牌名称	申报单位名称	行业分布	认定时间
1	武汉–1	蔡林记	武汉蔡林记商贸有限公司	餐饮业	2014年12月30日
2	武汉–2	老通城	武汉老通城食品股份有限公司	餐饮业	2014年12月30日
3	武汉–3	老万成	武汉市江汉区老万成商贸有限公司	食品加工	2014年12月30日
4	武汉–4	德华楼	武汉卓尔商贸有限责任公司	餐饮业	2014年12月30日
5	武汉–5	扬子江	武汉扬子江乳业食品有限公司	食品加工	2014年12月30日
6	武汉–6	初开堂	武汉初开堂药业有限公司	医药行业	2014年12月30日
7	武汉–7	冠牌	武汉市江北冠生园食品有限公司	食品加工	2014年12月30日
8	武汉–8	中联	国药集团中联药业有限公司	医药行业	2014年12月30日
9	武汉–9	武汉精益	武汉精益眼镜有限公司	眼镜制造	2014年12月30日
10	武汉–10	黄鹤	武汉市国漆有限公司	涂料制造	2014年12月30日
11	武汉–11	荣宝斋	武汉市荣宝斋	办公用品	2016年12月30日
12	武汉–12	刘有余	武汉刘有余药堂有限责任公司	医药行业	2016年12月30日
13	武汉–13	宜红（茶叶加工）	宜红茶业股份有限公司	茶业	2016年12月30日
14	武汉–14	汪玉霞	武汉市汪玉霞食品工业公司	食品加工	2016年12月30日
15	武汉–15	高洪太	武汉高洪太铜响乐器有限公司	乐器制造	2016年12月30日
16	武汉–16	冠福牌	武汉盛锡福帽业有限责任公司	服饰制造	2016年12月30日

续表

序号	市州	品牌名称	申报单位名称	行业分布	认定时间
17	武汉–17	苏恒泰	武汉苏恒泰商贸有限公司	伞类制造	2021年8月31日
18	武汉–18	城楼寨茶	新洲区旧街城楼寨茶厂	茶业	2021年8月31日
19	武汉–19	亨达利	武汉市亨达利钟表眼镜有限公司	眼镜制造	2021年8月31日
20	武汉–20	陈太乙	武汉初开堂药业有限公司陈太乙药店	医药行业	2021年8月31日
21	武汉–21	柏泉茶厂	湖北柏泉茶园科技有限公司	茶业	2021年8月31日
22	武汉–22	方清愈本	湖北夏小中医院有限责任公司	医药行业	2021年8月31日
23	武汉–23	波衣也	武汉波衣也琴行有限公司	乐器制造	2021年8月31日
24	武汉–24	杨楼子湾麻油	武汉盘龙杨楼子榨油有限公司	食品加工	2021年8月31日
25	武汉–25	三镇民生	武汉三镇民生餐饮服务有限公司	餐饮业	2021年8月31日
26	武汉–26	武兴	武汉市大兴蜂业有限责任公司	食品加工	2021年8月31日
27	武汉–27	品芳	武汉品芳影像有限责任公司	摄影业	2021年8月31日
28	武汉–28	武汉中心百货大楼	武汉中百百货有限责任公司	商业百货	2022年9月26日
29	武汉–29	武汉工艺大楼	武汉工艺大楼	商业百货	2022年9月26日
30	武汉–30	汉口茶厂	湖北汉口茶厂有限公司	茶业	2022年9月26日
31	武汉–31	武汉精益	武汉精益眼镜有限公司	眼镜制造	2023年12月21日
32	武汉–32	德华楼	武汉德华楼餐饮管理有限公司	餐饮业	2023年12月21日
33	十堰–1	向氏骨科	房县向氏骨科医院	医药行业	2016年12月30日
34	十堰–2	梅子贡	十堰梅子贡茶业股份有限公司	茶业	2016年12月30日

续表

序号	市州	品牌名称	申报单位名称	行业分布	认定时间
35	十堰-3	竹溪蒸盆	竹溪宾馆	食品加工	2016年12月30日
36	十堰-4	龙王垭	湖北龙王垭茶业有限公司	茶业	2016年12月30日
37	十堰-5	武当	湖北武当仙尊酒业有限公司	酒业	2016年12月30日
38	十堰-6	寿康永乐	湖北寿康永乐商贸集团有限公司	商业百货	2021年8月31日
39	十堰-7	长茂盛	湖北楚老头食品有限公司	食品加工	2021年8月31日
40	十堰-8	丹江口源头	湖北武当酒业股份有限公司	酒业	2021年8月31日
41	十堰-9	真武酒	十堰真武酒业有限公司	酒业	2021年8月31日
42	襄阳-1	石花	湖北省石花酿酒股份有限公司	酒业	2014年12月30日
43	襄阳-2	襄江	湖北古隆中演义酒业有限公司	酒业	2014年12月30日
44	襄阳-3	隆中牌	襄阳鼎顺实业有限公司	食品加工	2014年12月30日
45	襄阳-4	光化特	老河口光化特酒业有限公司	酒业	2014年12月30日
45	襄阳-5	灵鹿牌	枣阳市灵鹿酒业有限公司	酒业	2021年8月31日
46	襄阳-6	荆楚邱氏医药	邱克宁诊所	医药行业	2021年8月31日
47	襄阳-7	古襄阳	湖北古襄阳酒业有限公司	酒业	2021年8月31日
48	襄阳-8	普森春	湖北思安药业有限公司	医药行业	2021年8月31日
49	襄阳-9	熊银匠	襄阳庆美贸易有限公司	珠宝首饰	2021年8月31日
50	襄阳-10	双头口醋	湖北双头口醋食品有限公司	食品加工	2021年8月31日
51	襄阳-11	香耳山牌	湖北香耳山生态农业开发有限公司	食品加工	2021年8月31日

续表

序号	市州	品牌名称	申报单位名称	行业分布	认定时间
52	襄阳-12	酸浆面彭家老馆	高新技术开发区酸浆面彭家老馆	餐饮业	2021年8月31日
53	襄阳-13	尧治河	湖北尧治河楚翁泉酒业有限公司	酒业	2022年9月26日
54	襄阳-14	珍珠液	湖北楚天传媒珍珠液酒业有限公司	酒业	2022年9月26日
56	宜昌-1	长盛川	鑫鼎生物科技有限公司	茶业	2014年12月30日
57	宜昌-2	采花	湖北采花茶业有限公司	茶业	2014年12月30日
58	宜昌-3	宜牌	湖北宜红茶业有限公司	茶业	2014年12月30日
59	宜昌-4	土老憨	湖北土老憨调味食品股份有限公司	食品加工	2016年12月30日
60	宜昌-5	峡州碧峰	湖北邓村绿茶集团有限公司	茶业	2016年12月30日
61	宜昌-6	民康	湖北民康制药有限公司	医药行业	2021年8月31日
62	宜昌-7	秋谷清泉	秭归县秋谷山酒厂	酒业	2022年9月26日
63	荆州-1	绣林	劲牌酒业（石首）有限公司	酒业	2014年12月30日
64	荆州-2	聚珍园	荆州市聚珍园食品有限公司	餐饮业	2021年8月31日
65	荆州-3	虎桥牌	湖北红粮液酒业有限公司	酒业	2021年8月31日
66	荆州-4	活力28	荆州市活力二八家化有限公司	化学原料和化学制品制造业	2021年8月31日
67	荆州-5	皇冠	荆州市皇冠调味品有限公司	食品加工	2021年8月31日
68	荆州-6	任婆肘子	石首市任婆肘子餐饮服务有限公司	餐饮业	2022年9月26日
69	荆州-7	调弦	石首市调弦酒业有限公司	酒业	2022年9月26日
70	荆州-8	玉宇泉（酒类）	湖北江北农工贸有限责任公司	酒业	2022年9月26日

续表

序号	市州	品牌名称	申报单位名称	行业分布	认定时间
71	荆州-9	红中	湖北飨耀食品科技有限公司	食品加工	2022年9月26日
72	荆州-10	绣林	湖北枫林酒业酿造有限公司①	酒业	2023年12月21日
73	荆门-1	文峰	钟祥市文峰酒业有限公司②	酒业	2014年12月30日
74	荆门-2	仲柏	湖北道地药材科技有限公司	医药行业	2014年12月30日
75	荆门-3	八角本智	荆门市东宝区八角本智雪枣厂	食品加工	2014年12月30日
76	荆门-4	三品聚	钟祥市品上品商贸有限公司	食品加工	2016年12月30日
77	荆门-5	老肖家	湖北春林药械股份有限公司	医药设备制造业	2016年12月30日
78	荆门-6	筱宴春	荆门市筱宴春餐饮文化管理有限公司③	餐饮业	2016年12月30日
79	荆门-7	葛娃牌	湖北葛娃食品有限公司	食品加工	2021年8月31日
80	荆门-8	坪坝老街酒	湖北京山坪坝老街酒业有限公司	酒业	2021年8月31日
81	荆门-9	国宝桥米	湖北国宝桥米有限公司	食品加工	2021年8月31日
82	荆门-10	金龙泉（酒类）	湖北金龙泉集团股份有限公司	酒业	2022年9月26日
83	黄冈-1	龟山岩绿	湖北省国营龟山茶场	茶业	2014年12月30日
84	黄冈-2	接福	武穴市福康油脂有限公司	食品加工	2014年12月30日
85	黄冈-3	美雅牌	湖北美雅食品有限公司	食品加工	2016年12月30日
86	黄冈-4	黄梅堆花	湖北黄梅堆花酒业有限公司	酒业	2021年8月31日

① 曾用名，现名为湖北绣林玉液酒业有限公司。

② 曾用名，现名为湖北文峰酒业有限公司。

③ 曾用名，现名为荆门市筱宴春餐饮文化管理股份有限公司。

续表

序号	市州	品牌名称	申报单位名称	行业分布	认定时间
87	黄冈-5	上品将军红	湖北将军红酿酒有限公司	酒业	2021年8月31日
88	黄冈-6	团黄	湖北团黄贡茶有限公司	茶业	2021年8月31日
89	黄冈-7	葆食德	武穴大宋食品股份有限公司	食品加工	2021年8月31日
90	黄冈-8	双和牌 武穴酥糖	湖北双和食品股份有限公司	餐饮业	2021年8月31日
91	黄冈-9	美玉	湖北美玉面业股份有限公司	食品加工	2022年9月26日
92	黄冈-10	绿杨桥	浠水新天宝酒业有限公司	酒业	2022年9月26日
93	黄冈-11	九资河	湖北正光九资河药业有限公司	医药行业	2022年9月26日
94	咸宁-1	羊楼洞	羊楼洞茶业股份有限公司	茶业	2014年12月30日
95	咸宁-2	火车头牌、牌坊	湖北省赵李桥茶厂有限责任公司	茶业	2016年12月30日
96	咸宁-3	洞庄	湖北省洞庄茶业有限公司	茶业	2021年8月31日
97	咸宁-4	聚兴顺	湖北省赵李桥茶厂有限责任公司	茶业	2021年8月31日
98	咸宁-5	松峰	赤壁市羊楼洞茶场	茶业	2021年8月31日
99	咸宁-6	何乾泰	湖北何乾泰医药连锁有限公司	医药行业	2021年8月31日
100	咸宁-7	百丈潭	湖北百丈潭酒业有限公司	酒业	2021年8月31日
101	恩施-1	皇恩宠锡	恩施州伍家台富硒贡茶有限责任公司	茶业	2014年12月30日
102	恩施-2	恩施玉露	恩施玉露茶产业协会	茶业	2014年12月30日
103	恩施-3	凤头	湖北凤头食品有限公司	食品加工	2016年12月30日

序号	市州	品牌名称	申报单位名称	行业分布	认定时间
104	恩施–4	云心	建始县云心食品有限责任公司	食品加工	2016年12月30日
105	恩施–5	吴永昌庆记	建始县永昌食品厂	食品加工	2021年8月31日
106	恩施–6	钱汤圆	湖北钱汤圆饮食文化有限公司	餐饮业	2022年9月26日
107	黄石–1	“劲”牌	劲牌有限公司	酒业	2022年9月26日
108	黄石–2	武药牌	武汉武药制药有限公司	医药行业	2022年9月26日
109	黄石–3	铁流摄影	黄石市乾泰商贸服务有限责任公司	摄影业	2022年9月26日
110	黄石–4	锦江	黄石市锦江商贸有限公司锦江食品厂	生活用品	2022年9月26日
111	随州–1	二月风	随州市二月风食品有限公司	食品加工	2014年12月30日
112	随州–2	圣宫	随州市圣宫饭店	餐饮业	2022年9月26日
113	潜江–1	园林青	湖北园林青酒业股份有限公司	酒业	2014年12月30日
114	潜江–2	尝香思	湖北尝香思食品有限公司	食品加工	2022年9月26日
115	孝感–1	神丹	湖北神丹健康食品有限公司	食品加工	2016年12月30日
116	仙桃–1	九珠牌	湖北九珠蛋业有限公司	食品加工	2014年12月30日
117	仙桃–2	兴海洋	仙桃市海洋食品有限公司	食品加工	2016年12月30日
118	天门–1	陆羽会（茶馆）	天门陆羽国际茶圣茶文化（集团）有限公司	茶业	2016年12月30日

注：统计时间截至2022年底。

资料来源：《二〇二三年湖北省商标品牌发展报告》。